Meine Rente

Isabell Pohlmann

Meine Rente

Richtig planen, mehr rausholen

Stiftung Warentest

Inhaltsverzeichnis

86
Wer wann in Ren
gehen kann

109
Wann steht was a
Rentenantrag und
andere To-dos kur
vor dem Ruhestar

61
Punkte sammeln
für den Ruhestand
Je mehr Sie verdienen, desto höh
Ihre Rente

141
Job, Liegestuhl oder beides? Die Regeln für einen flexiblen Ausstieg aus dem Berufsleben

Was wollen Sie wissen?

Mit dem Stichwort „Rente" werden Sie je nach Alter und Lebenssituation ganz unterschiedliche Fragen, eventuell auch Sorgen verbinden. Wie hoch sind die Leistungen im Alter? Wann ist der ideale Termin für den Ausstieg aus dem Job? Kann ich von meiner Rente leben? Gute Gründe, sich die Leistung „gesetzliche Rente" genauer anzusehen.

An der Rente können wir doch sowieso nichts ändern, oder?

Doch, Sie selbst können etwas für Ihre Rente tun, und das nicht erst ab Anfang oder Mitte 60, sondern bereits deutlich früher. Die folgenden Kapitel zeigen, wie Sie von Beginn Ihres Berufslebens an mit eigenen Entscheidungen die Höhe Ihrer Rente beeinflussen können. Es gibt zwar gesetzliche Vorgaben, doch die lassen Spielraum und Handlungsmöglichkeiten für jeden Versicherten.

Außerdem wäre es falsch, bei der gesetzlichen Rente nur an die Absicherung im Alter zu denken. Die Rentenkasse bietet mit den Erwerbsminderungsrenten, der Hinterbliebenenversorgung sowie den Reha-Leistungen mehrere Angebote, die bereits in jüngeren Jahren eine wertvolle Hilfe sein können (siehe „Die Leistungen im Überblick", S. 23).

Neben der gesetzlichen Rente sollten Sie möglichst früh damit beginnen, aus eigenen Mitteln für später vorzusorgen (siehe „Die sichere Basis durch private Vorsorge ergänzen", S. 75). Es gibt also gute Gründe, das Thema Ruhestand frühzeitig in Angriff zu nehmen.

Die Kinder sind groß, ich kann wieder mehr arbeiten. Lohnt sich das für die Rente?

Auf jeden Fall. Wenn Sie mehr arbeiten und dann auch mehr verdienen als bisher, erwirtschaften Sie sich durch jedes weitere Berufsjahr einen höheren Rentenanspruch. Das ist sinnvoll, gerade wenn Sie für einen längeren Zeitraum beruflich ausgesetzt oder mit deutlich reduzierter Stundenzahl gearbeitet haben. Was eine längere berufliche Auszeit an Rente „kosten" kann und wie die Höhe Ihrer Rente überhaupt ermittelt wird, lesen Sie im Kapitel „Eine Rechnung für sich" ab S. 24.
Im Abschnitt „Renten im Wandel" (S. 19) stellen wir vor, wie Versicherte mit niedrigen Rentenansprüchen von der neu eingeführten Grundrente profitieren.

Ich kann und will vorzeitig in Rente gehen. Was muss ich dabei beachten?

Es kann eine gute Idee sein, den Rentenbeginn vorzuziehen, aber Sie sollten sich nicht vorschnell dafür entscheiden, sondern erst nach einem ausgiebigen Finanzcheck. Sofern Sie die Voraussetzungen erfüllen, um vorzeitig in Rente zu gehen, ohne dass Ihnen deshalb die Leistungen gekürzt werden, entgehen Sie einem dicken Rentenminus.
Andere Frührentner aber, die nicht so lange in die Rentenkasse eingezahlt haben, verlieren im ungünstigsten Fall bis zu 14,4 Prozent von ihrer Rente, wenn sie zum frühestmöglichen Zeitpunkt, pünktlich mit 63 Jahren, vorzeitig aus dem Job aussteigen.
Planen Sie das ein und überlegen Sie, ob Sie finanziell hinkommen, wenn Sie nicht mehr Ihr bisheriges Gehalt beziehen, sondern nur noch Ihre Rente (siehe „Kann ich mir den vorzeitigen Rentenbeginn leisten?", S. 91). Alternative Möglichkeiten für einen gleitenden Übergang stellen wir ab S. 103 unter „Flexi-Rente" vor.

Der Rentenbeginn rückt näher. Wann muss ich mich um die Formalitäten kümmern?

Das kommt darauf an, wie gut Sie vorbereitet sind: Wenn Sie Ihren Finanzcheck schon gemacht haben und es keine Lücken auf Ihrem Rentenkonto gibt, reicht es, wenn Sie etwa ein Vierteljahr vor dem gewünschten Auszahlungsbeginn Ihre Rente beim Versicherungsträger beantragen. Worauf Sie dabei achten sollten, lesen Sie unter „Rente gibt es nur auf Antrag" ab S. 110. Wollen Sie diesen Antrag nicht allein ausfüllen, sondern mithilfe der Experten der Deutschen Rentenversicherung, dann vereinbaren Sie über die kostenlose Service-Hotline 0800 1 0004800 einen Beratungstermin. Es kann jedoch sein, dass Sie einige Zeit auf einen Termin warten müssen. Planen Sie den zeitlichen Vorlauf ein.

Die Regeln zur Flexi-Rente und zum Zuverdienst für Frührentner klingen gut. Gibt es einen Haken?

Es stimmt: Seit einigen Jahren haben alle, die früher in den Ruhestand gehen und einen Nebenjob annehmen, mehr Spielraum für Hinzuverdienste. Wenn Sie zum Beispiel 63 Jahre alt sind und vorzeitig Ihre Altersrente beziehen, dürfen Sie grundsätzlich aufs Jahr verteilt bis zu 6300 Euro verdienen, ohne dass Ihre Rente deshalb gekürzt wird. Als Folge der Corona-Pandemie wurden die Zuverdienstgrenzen vorübergehend sogar noch einmal deutlich ausgeweitet. Trotzdem wird es sich finanziell nicht immer lohnen, den Rahmen für den Hinzuverdienst voll auszuschöpfen. Dafür sorgen die Steuern und Sozialabgaben, die für einen Monatsverdienst über 450 Euro häufig fällig werden. Ein Beispiel bekommen Sie im Abschnitt „Viel arbeiten lohnt nicht immer" ab S. 144. Was bei ehrenamtlichem Engagement zu beachten ist, erfahren Sie auf S. 149.

Stimmt es, dass die Sozialabgaben für meine Rente so hoch sind?

Die Beiträge, die Rentner für die gesetzliche Kranken- und Pflegeversicherung zahlen müssen, können tatsächlich enorm sein. Besonders hoch sind die Abzüge für eine Betriebsrente, denn dafür müssen Sie den kompletten Beitragssatz allein aufbringen. Zumindest steht Ihnen hier seit 2020 aber ein Freibetrag zu, sodass nicht gleich ab dem ersten Euro Beiträge anfallen. Bei der gesetzlichen Rente ist die Belastung niedriger, denn die Rentenkasse beteiligt sich am monatlichen Beitrag.
Mit welchen Abzügen Sie je nach Art der Auszahlung im Alter rechnen müssen, lesen Sie unter „Netto statt brutto" ab S. 124. Hier erfahren Sie auch, warum immer mehr Rentner in die Steuerpflicht rutschen und wie Sie Ihre Steuerlast drücken können.

Bei der privaten Vorsorge blicke ich nicht durch. Lohnt sich ein Riester-Vertrag?

Ja, ein Riester-Vertrag kann sich dank der staatlichen Förderung lohnen. Riester-Sparer erhalten direkte staatliche Zulagen und profitieren eventuell noch von Steuervorteilen. Für Familien mit Kindern ist die Riester-Rente vor allem aufgrund der Zulagen interessant – immerhin gibt es für ein Kind bis zu 300 Euro im Jahr. Ohne Kinder oder wenn Ihre Kinder schon erwachsen sind, kann ein Riester-Vertrag je nach Einkommen und Höhe der geleisteten Beiträge als Steuersparmodell interessant sein. Die Regeln zur Riester-Förderung und Vorsorge-Alternativen finden Sie im Kapitel „Die sichere Basis durch private Vorsorge ergänzen" ab S. 75. Unter „Private Altersvorsorge rechtzeitig im Blick" lesen Sie ab S. 112, welche Entscheidungen auf Sie zukommen, damit Sie nicht nur die gesetzliche Rente pünktlich beziehen, sondern auch das Geld aus zusätzlicher Vorsorge.

Mein Plan für die Rente

Die gesetzliche Rente ist und bleibt für die meisten die Basis für die finanzielle Absicherung im Ruhestand. Die gute Nachricht: Es gibt zwar viele gesetzliche Vorgaben zur Beitragspflicht, zum Eintrittsalter oder zur Berechnung der Leistungshöhe, doch Sie haben Chancen, Ihre Rente mitzugestalten. Ihre Spielräume sollten Sie kennen und nutzen.

Mehr als 21 Jahre – so lange fließen in Deutschland im Schnitt die gesetzlichen Altersrenten, die Bezugsdauer der Erwerbsminderungsrenten liegt etwas niedriger. Trotzdem können Sie im besten Fall also eine sehr lange Zeit auf die Leistungen der Deutschen Rentenversicherung bauen.

Vor dieser Zeit liegen oftmals 30, vielleicht sogar 40 oder mehr Jahre, in denen Sie die Basis für die Rentenzahlung legen: zum Beispiel, wenn Sie als Berufstätiger Ihre Rentenbeiträge zahlen. Die Rente begleitet Sie also im Normalfall länger als die Hälfte Ihres Lebens.

Die Aussicht, im Alter eine Rente zu bekommen, bringt zunächst einmal Sicherheit. Doch wie viel ist diese Sicherheit wert? Diese Frage bewegt zum Beispiel viele Jüngere, die sich um die Finanzen im Alter sorgen. Wie lange werden sie bis zur Rente arbeiten müssen, und wie hoch können die Leistungen dann überhaupt sein?

Wenn Sie schon etwas älter sind und sich das Ende des Berufslebens nähert, rückt die Frage nach dem passenden Rentenbeginn in den Vordergrund: Wann darf ich gehen? Kommt eine vorzeitige Rente infrage?

Und wenn Sie bereits Rentner sind? Auch dann bleiben Fragen – zum Beispiel, wie Sie netto mehr aus Ihrer Rente herausholen können oder ob ein Nebenjob Folgen für Ihre Bezüge hätte.

Ihre Entscheidungen für Ihre Rente

Zugegeben: Bei der Rente passiert vieles automatisch. Doch es gibt Stellschrauben, die Sie selbst drehen können. So beeinflussen Sie mit, wie hoch Ihre Rente tatsächlich ausfallen wird.

Auf den ersten Blick mag der Rahmen für die Rente fest vorgegeben sein: Schließlich ist zum Beispiel klar, dass Sie als Angestellter gemeinsam mit Ihrem Arbeitgeber einen bestimmten Beitrag an die Rentenkasse zahlen müssen. Die Höhe des Beitrags steht aufgrund Ihres Einkommens fest, die Summe wird von Ihrem Bruttogehalt abgezogen und an die Rentenkasse überwiesen. Ihre Beiträge sorgen dafür, dass Sie sich im Ruhestand auf eine lebenslange Auszahlung einer Rente verlassen können. Je mehr Sie verdient und eingezahlt haben, desto höher fällt Ihre Rente aus. Ob und wie sehr sich diese Leistung jedes Jahr erhöht, entscheidet der Gesetzgeber.

Tatsächlich ist in Sachen Rente vieles gesetzlich geregelt. Doch es lohnt sich, diese Regelungen genauer anzusehen. Dann zeigt sich nämlich, dass die gesetzlichen Vorgaben zur Rente jedem Versicherten – egal ob gerade erst im Berufsleben, kurz vor dem Ruhestand oder bereits im Rentenalter – Handlungsspielräume lassen. Es gibt mehr Chancen, Ihre Rente mitzugestalten, als Sie im ersten Moment vielleicht erwarten:

→ Sabine ist Mitte 40

und hat nach der Geburt ihrer Kinder zunächst im Minijob und dann halbtags gearbeitet. Mit ihrer Entscheidung, wieder mehr Stunden zu arbeiten, hat sie gegenwärtig einen höheren Verdienst als zuletzt. Und damit sichert sie sich auch einen höheren Rentenanspruch – wer mehr verdient und entsprechend mehr Beiträge leistet, erhöht seine Rente.

→ Arzu ist 52

und hat beruflich längere Zeit für die Familie ausgesetzt. Trotzdem wird sie voraussichtlich im Alter von 63 Jahren die Vorgaben erfüllen, um vorzeitig mit Abschlägen in Rente zu gehen. Überragend wird ihre Rente allerdings nicht ausfallen – nicht bei pünktlichem Rentenbeginn und schon gar nicht bei einem vorzeitigen Ausscheiden aus dem Job mit 63. Nun erhält sie Geld aus einer Kapitallebensversicherung, in die sie über viele Jahre eingezahlt hat. Mit ihrer Entscheidung, dieses Geld etappenweise freiwillig an die Rentenkasse zu zahlen, umgeht sie Rentenabschläge für den vorzeitigen Ruhestand und sichert sich eine höhere Monatsrente – unabhängig davon, bis zu welchem Alter sie tatsächlich arbeiten wird.

→ Klaus ist 63

und hätte im Sommer 2020 mit Abschlägen in Rente gehen können. Doch er hat sich entschieden, noch ein Jahr länger durchzuhalten – weil er weiß, dass er dann auf 45 Versicherungsjahre in der Rentenversicherung kommt und damit die Voraussetzungen für eine vorgezogene Altersrente ohne lebenslange Abschläge erfüllt. Mit seiner Entscheidung, nicht zum frühestmöglichen Zeitpunkt aus dem Job auszusteigen, sichert er sich auf Dauer eine deutlich höhere Rente.

→ Karin ist 67

und bezieht bereits eine Rente. Sie arbeitet im Nebenjob halbtags als Hauswirtschafterin. Mit ihrer Entscheidung, für ihren Verdienst weiter Beiträge an die Rentenkasse zu zahlen, sorgt sie dafür, dass ihre bereits laufende Rente in den kommenden Jahren noch etwas ansteigen wird.

Diese Beispiele zu Ihren eigenen Handlungsmöglichkeiten und auch die Grafik auf S. 16/17 zeigen, wie Sie die Rente während Ihres gesamten Berufslebens begleitet. In den folgenden Kapiteln erfahren Sie, welche Möglichkeiten Sie selbst haben, um etwas für Ihre Rente zu tun, wenn

- Sie noch mitten im Berufsleben stehen („Frühzeitig die Weichen richtig stellen", S. 55),
- der Ruhestand so langsam näher rückt („Den Rentenbeginn planen", S. 85),
- Sie die letzten Vorbereitungen für den Ausstieg aus dem Berufsleben treffen („Bereit zum Absprung", S. 109) und
- wenn Sie bereits Rentner sind („Die erste Rente aufs Konto", S. 119, sowie „Rente plus Job", S. 141).

Manchmal hilft der Staat

Es sind aber nicht nur Ihre eigenen Entscheidungen, mit denen Sie Ihre Rente beeinflussen können. Sie profitieren auch davon, dass Sie in bestimmten Lebensphasen, in denen Sie nicht selbst etwas für Ihre Rente tun können, staatliche Unterstützung erhalten. Beispiel Familiengründung: Nach der Geburt eines Kindes sind für Eltern – in der Regel für die Mütter – unter anderem die Kindererziehungszeiten nützlich. Für ein ab 1992 geborenes Kind erhält die Mutter drei Jahre Erziehungszeit gutgeschrieben, für ein früher geborenes zweieinhalb Jahre. Das bedeutet, dass das Rentenkonto der Mütter in dieser Zeit so aufgestockt wird, als hätten sie das Durchschnittseinkommen aller Beitragszahler erzielt und entsprechende Rentenbeiträge entrichtet.

Sie sammeln also Rentenansprüche, auch wenn Sie in diesem Zeitraum gar nicht arbeiten und somit selbst keine Beiträge an die Rentenkasse zahlen. Selbst wenn Sie in dieser Zeit berufstätig sind, können Sie – je nach Einkommen voll oder zumindest zum Teil – diesen staatlichen Zuschuss zum Rentenkonto mitnehmen. Mehr zur Unterstützung von Familien lesen Sie unter „Wie das Privatleben spielt", S. 68.

→ Mehr Rente für ältere Kinder

Unter dem Stichwort „Mütterrente" gab es in den vergangenen Jahren einige Gesetzesänderungen zu der Frage, wie viel Kindererziehungszeit Müttern mit vor 1992 geborenen Kindern zusteht. Über viele Jahre war es nur ein Jahr, dann vorübergehend zwei Jahre, und seit der jüngsten Änderung – der „Mütterrente II" – ist es noch ein weiteres halbes Jahr mehr.

Auch kürzere Zeiten der Arbeitslosigkeit müssen dank staatlicher Unterstützung kein Rentenrisiko sein: Solange ein Anspruch auf Arbeitslosengeld I besteht, übernimmt grundsätzlich die Arbeitsagentur die Beiträge für die Rentenversicherung. Für die Beitragshöhe werden 80 Prozent des bisherigen Einkommens des Arbeitslosen zugrunde gelegt, sodass sich die Einbußen für die Rente in Grenzen halten.

Für Empfänger von Arbeitslosengeld II und Arbeitsuchende, die keine Leistungen beziehen, weil sie selbst oder ihr Partner ein zu hohes Einkommen haben, werden jedoch keine Beiträge entrichtet. Die Zeiten werden aber als Wartezeit anerkannt und helfen, die Voraussetzungen für bestimmte Rentenansprüche zu erfüllen. Wegen der fehlenden Beitragszahlungen kann der Leistungsanspruch allerdings sehr gering sein, gerade dann, wenn die Phase ohne Beiträge sehr lange andauert.

Eine besondere Unterstützung erhalten außerdem alle, die eine berufliche Ausbildung in einem Betrieb absolvieren oder absolviert haben, denn die Rentenansprüche

Jahre der Kindererziehung, eine kurzzeitige Arbeitslosigkeit und die Jahre der betrieblichen Ausbildung sind Pflichtbeitragszeiten, in denen Sie selbst oder eine andere Institution Rentenbeiträge für Sie überweist. Darüber hinaus werden für Ihre Rente andere Lebensphasen berücksichtigt. Die Checklisten zu den „Beitragszeiten" auf S. 15 und zu „Beitragsfreien Lebensphasen" auf S. 18 fassen diese zusammen.

Checkliste

Beitragszeiten: Grundstein für die Rente

Ob angestellt, länger krank oder lange Zeit arbeitslos – für Ihre eigene Rente spielen fast alle Lebensabschnitte eine Rolle. In den folgenden Phasen sammeln Sie Rentenansprüche:

- ☐ **Pflichtbeitragszeiten:** Zeiten, in denen Sie selbst oder jemand anders Pflichtbeiträge für Sie geleistet hat, erhöhen direkt Ihren Rentenanspruch, etwa wenn Sie als angestellt Beschäftigter, Auszubildender oder Minijobber tätig waren. Zu den Pflichtbeitragszeiten zählen außerdem die Kindererziehungszeiten, Jahre des Wehr- oder Bundesfreiwilligendienstes sowie des Bezugs von Arbeitslosengeld I oder Phasen kurzzeitiger Arbeitsunfähigkeit. Auch wenn Sie einen Angehörigen nicht erwerbsmäßig pflegen, kann das zu den Pflichtbeitragszeiten gehören.
- ☐ **Zeiten, in denen freiwillige Beiträge gezahlt werden:** Zahlen Sie zum Beispiel als Selbstständiger, als Hausfrau oder Hausmann oder als im Ausland Beschäftigter freiwillige Beiträge an die Rentenkasse, erhöht das den Rentenanspruch ebenfalls direkt (siehe S. 60 und S. 63).

aus der Ausbildungszeit werden aufgestockt. Hintergrund: Die Gehälter von Auszubildenden sind in der Regel eher niedrig – entsprechend gering wären somit auch die Rentenansprüche, die in dieser Zeit angesammelt werden. Per Gesetz werden sie deshalb für bis zu drei Jahre deutlich aufgestockt.

Das sind nur einige Beispiele dafür, wie sich Ihre Rente dank staatlicher Unterstützung erhöhen kann. Auch in anderen Phasen – etwa während einer längeren Krankheit oder während der Pflege eines Angehörigen – stehen Sie mit Blick auf die Rente nicht allein da: Bei längerer Krankheit springt zumindest für gesetzlich Krankenversicherte die Krankenkasse ein und überweist einen Beitragsanteil.

Für pflegende Angehörige ist die Pflegekasse des zu Betreuenden verpflichtet, Rentenbeiträge zu übernehmen. Dadurch kann der Rentenanspruch der Pflegenden steigen (siehe „Wenn die Eltern Pflege brauchen", S. 73).

Gesetzliche Rente: Begleiter von Anfang an

Als **Auszubildender** in einem Betrieb zahlen Sie Beiträge an die Rentenkasse und sammeln Punkte für Ihr Rentenkonto. Ihre Rentenansprüche aus dieser Zeit werden deutlich aufgestockt. → S. 14
Nebenjobs zum Studium machen sich im Alter nur bezahlt, wenn für den Verdienst Rentenbeiträge fließen. So führt etwa eine saisonale Beschäftigung, die abgabenfrei ist, nicht zu mehr Rente. → S. 58

Je höher Ihr Gehalt, desto mehr Rentenansprüche erwerben Sie. **Ein niedriger Verdienst** bringt weniger. → S. 61
Das kann zum Beispiel für viele Frauen problematisch werden: Sie verdienen im Schnitt über alle Branchen hinweg etwa 20 Prozent weniger als Männer. Dann kommen im Alter auch niedrigere **Leistungsansprüche** heraus. → S. 27

Auch als (Ehe-)Paar führen beide Partner weiter ihre eigenen Rentenkonten. Für jedes Kind werden meist dem Konto der **Mutter** für bis zu drei Jahre Entgeltpunkte gutgeschrieben. → S. 13
Je länger eine berufliche **Auszeit** dauert, desto größer werden aber die Auswirkungen auf die Rente. → S. 61
Nach einer **Scheidung** werden die in der Ehe gesammelten Rentenansprüche in der Regel hälftig geteilt. → S. 72

Von der Ausbildung bis zum Ruhestand geht es darum, Entgeltpunkte und damit Rentenansprüche zu sammeln. **Je mehr Punkte, desto höher fällt die Rente aus.**

Ein neuer Job mit mehr Gehalt, die Entscheidung für einen Teilzeitjob, der Sprung in die Selbstständigkeit: Mit Ihren **beruflichen Entscheidungen** beeinflussen Sie auch Ihr Budget im Alter. → S. 55
Vor allem ein dauerhafter Wechsel in die **Teilzeitarbeit** drückt die Rentenansprüche. → S. 57

Wann will ich gehen, und was kann ich noch für mehr Rente tun? **Ab dem 50. Geburtstag** tauchen diese Gedanken immer öfter auf. Zeit, sich über die einzelnen Formen der Frührente zu informieren – und über die Möglichkeiten, aus eigenen Mitteln mehr herauszuholen. → S. 85

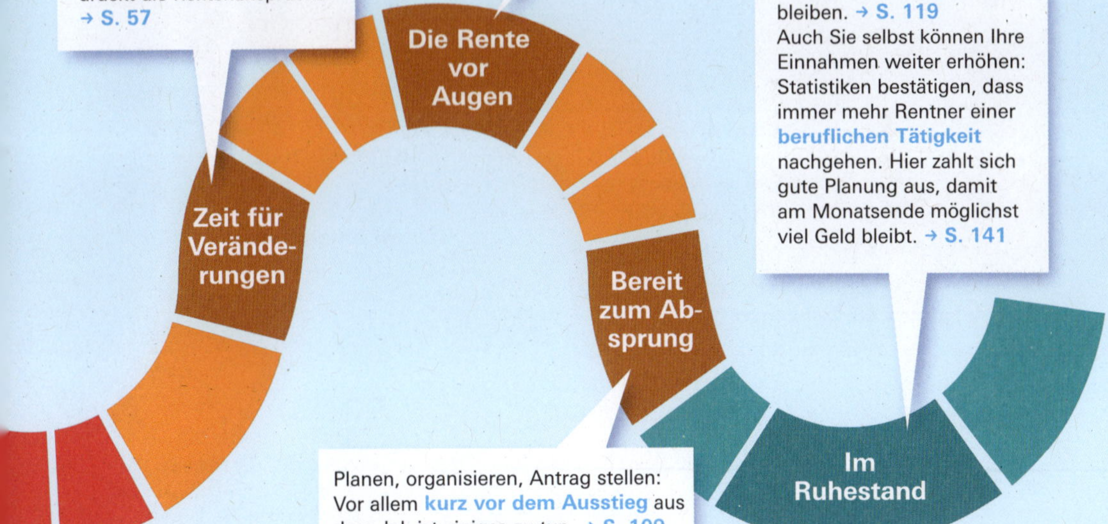

Planen, organisieren, Antrag stellen: Vor allem **kurz vor dem Ausstieg** aus dem Job ist einiges zu tun. → S. 109
Vielleicht steht auch noch die Entscheidung aus, ob Sie pünktlich in Rente gehen oder länger arbeiten. Was heißt das für den **Rentenantrag** – trotz Weiterarbeit den Antrag pünktlich stellen oder später? → S. 94

Bei der im Rentenbescheid genannten Summe wird es dank der **jährlichen Rentenerhöhungen** nicht bleiben. → S. 119
Auch Sie selbst können Ihre Einnahmen weiter erhöhen: Statistiken bestätigen, dass immer mehr Rentner einer **beruflichen Tätigkeit** nachgehen. Hier zahlt sich gute Planung aus, damit am Monatsende möglichst viel Geld bleibt. → S. 141

Checkliste

Beitragsfreie Lebensphasen

Neben den Zeiten, in denen tatsächlich Beiträge fließen, gibt es beitragsfreie Lebensphasen. Für diese Zeiträume unternimmt der Rentenversicherer die sogenannte Gesamtleistungsbewertung: Er ermittelt die durchschnittlichen Rentenansprüche, die Sie während der Beitragszeiten – also etwa im Job – erreicht haben, und setzt diesen Wert auch für die beitragsfreien Zeiten an. Dementsprechend werden Ihnen auch für diese Phasen Rentenansprüche gutgeschrieben:

- ☐ **Anrechnungszeiten:** Dazu zählen zum Beispiel Phasen, in denen Sie Arbeitslosengeld II beziehen oder bei der Arbeitsagentur als arbeitssuchend gemeldet sind. Auch Zeiten des Studiums und des Schulbesuchs ab 17 Jahren fallen in diesen Bereich.
- ☐ **Ersatzzeiten:** Phasen, in denen Sie beispielsweise als Bürger der ehemaligen DDR zu Unrecht in Haft waren, oder Zeiten der Flucht nach Ende des Zweiten Weltkriegs gehen für die Rente nicht verloren. Als sogenannte Ersatzzeiten zählen diese Zeiträume sowohl für die Rentenhöhe als auch für die Wartezeit mit, die Sie für die einzelnen Renten erfüllen müssen.
- ☐ **Berücksichtigungszeiten:** Sie stehen Eltern – meist den Müttern – bis zum zehnten Lebensjahr eines Kindes zu. In dieser Zeit können Sie eventuell noch einen Zuschuss für Ihr Rentenkonto erhalten, wenn Sie unterdurchschnittlich verdienen. Außerdem werden Ihnen diese Jahre auf die geforderte Wartezeit für einen vorzeitigen Rentenbeginn angerechnet.
- ☐ **Zurechnungszeiten:** Sie spielen für die Erwerbsminderungs- und die Hinterbliebenenrenten eine Rolle. Wenn Sie etwa früh erwerbsunfähig werden, stockt der Rentenversicherer Ihren Leistungsanspruch so auf, als hätten Sie – vereinfacht gesagt – bis Mitte 60 gearbeitet und Beiträge gezahlt. Die genauen Regelungen und Altersgrenzen lesen Sie im Kapitel „Die Leistungen im Überblick“, S. 23.

Rente im Wandel: Reformen im Überblick

Die Liste der Gesetzesänderungen rund um die Rente ist lang. Was wurde zuletzt beschlossen, und was kommt noch? Ein kurzer Ausblick in die nächsten Jahre.

Die gesetzliche Rente ist und war in der Vergangenheit immer wieder Teil intensiver politischer Diskussionen: Zuletzt war es die Einführung der Grundrente, die die Regierungskoalition aus Union und SPD über viele Monate beschäftigt hat.

Seit Anfang 2021 gibt es nun doch die Grundrente, durch die niedrige Monatsrenten aufgebessert werden können: Rentnerinnen und Rentner, die unterdurchschnittlich verdient haben, sollen für ihre Lebensleistung belohnt werden. Die volle Grundrente können sie erhalten, wenn sie mindestens 35 Jahre sogenannte Grundrentenzeiten vorweisen, zum Beispiel Beitragszeiten aus Beschäftigung, aufgrund von Kindererziehung oder der Pflege eines Angehörigen. Erreichen Sie mindestens 33 Jahre, können Sie ebenfalls einen Rentenzuschuss erhalten, doch er fällt niedriger aus.

Eine Voraussetzung ist, dass die Versicherten in dieser Zeit mindestens 30 und höchstens 80 Prozent des jährlichen Durchschnittsverdienstes erzielt haben. Die monatliche Rente kann sich dann um bis zu etwas mehr als 400 Euro im Monat erhöhen. Häufig wird das Plus aber deutlich niedriger ausfallen, oft sogar unter 100 Euro im Monat liegen. Ob ein Anspruch auf Grundrente besteht, prüft der Rentenversicherungsträger automatisch anhand des Einkommens und anhand der erworbenen Rentenansprüche. Es ist nicht nötig, die Grundrente zu beantragen.

Auch wenn es die Grundrente seit dem 1. Januar 2021 gibt: Mit der Auszahlung wird es noch etwas dauern. Vermutlich erhalten Neurentner frühestens im Sommer 2021 einen Bescheid über die Grundrente, Bestandsrentner voraussichtlich erst Ende 2022. Der zusätzliche Anspruch wird dann rückwirkend gezahlt.

→ Eigenes Einkommen zählt

Sie haben neben Ihrer eher geringen Rente weiteres Einkommen? Je nach dessen Höhe kann es sein, dass Sie den Rentenzuschuss nicht erhalten. Auf test.de/grundrente finden Sie einen Rechner, um die mögliche Höhe der Grundrente grob zu ermitteln.

Was war, was kommt?

Eine andere, besonders große Gesetzesänderung zur Rente macht sich seit 2012 bemerkbar: Seither steigt das Renteneintrittsalter stufenweise von 65 auf 67 Jahre. Je nach Geburtsjahr müssen Versicherte also länger arbeiten, ehe sie ihre Altersrente ohne Abschläge in Anspruch nehmen können. Parallel sind auch die Eintrittsalter für andere Renten angehoben worden.

Mehrfach tauchten auch Überlegungen auf, das Eintrittsalter weiter zu erhöhen. Allerdings wird es dazu vorerst wohl doch nicht kommen. Das geht zumindest aus den Empfehlungen hervor, die eine von der Bundesregierung eingesetzte Rentenkommission im Frühling 2020 vorgestellt hat. Die Kommission, der Wissenschaftler sowie Vertreter von Arbeitgeber- und Arbeitnehmerseite angehören, empfiehlt, dieses Thema erst ab 2026 wieder aufzugreifen.

Die Mitglieder der Kommission empfehlen außerdem, in Zukunft für gewisse Zeiträume verbindliche Haltelinien für den Beitragssatz und das Rentenniveau festzulegen. Das geschieht auch schon jetzt, denn die derzeitige Bundesregierung hat unter anderem festgelegt, dass das Rentenniveau bis 2025 bei mindestens 48 Prozent liegen soll. Doch was heißt das genau?

Das Rentenniveau gibt an, in welchem Verhältnis die Rente und der Verdienst der Berufstätigen zueinander stehen. Verglichen werden der aktuelle Durchschnittsverdienst und die sogenannte Standardrente – sie ergibt sich, wenn ein Durchschnittsverdiener 45 Jahre lang Beiträge eingezahlt hat.

In früheren Jahren ist das Rentenniveau stetig gesunken. Das heißt, die Rentner erhielten in diesen Phasen einen geringeren Anteil des Durchschnittseinkommens als früher. Wenn vom sinkenden Rentenniveau die Rede ist, bedeutet das aber nicht, dass bestehende Renten gekürzt werden, sondern, dass die Renten nicht in dem Ausmaß steigen wie die Einkommen.

Dieser Prozess des sinkenden Rentenniveaus wurde durch die Entscheidung der Regierung vorerst gestoppt. Wie es nach 2025 weitergeht, bleibt vorerst abzuwarten.

Rentenanspruch per Gesetz

Grundsätzlich gilt, dass Versicherte, die heute Beiträge an die Rentenkasse zahlen, einen verfassungsrechtlich geschützten Anspruch haben, im Alter Leistungen zu beziehen. Wie hoch diese sein werden, lässt sich jedoch heute nicht sagen. Denn die Situation der gesetzlichen Rentenversicherung wird in Zukunft nicht einfacher: Die gesetzliche Rentenversicherung basiert auf dem Generationenvertrag und funktioniert nach dem Umlageverfahren. Das heißt, die Jüngeren zahlen ihre Beiträge in die Rentenversicherung ein, und davon werden die Renten der heute Älteren bezahlt. Das Problem: Künftig müssen immer weniger Erwerbstätige für immer mehr Renten aufkommen.

Wie lässt sich diese Situation meistern? Für die Politik geht es auch darum, eine möglichst gerechte Lösung sowohl für die Älteren als auch für die Jüngeren – die Beitragszahler von heute und morgen – zu finden. Eine Stellschraube, an der die Politik in der Vergangenheit mehrfach gedreht hat, ist der Beitragssatz für die gesetzliche Rentenversicherung. Er liegt 2021 bei 18,6 Prozent. Um die künftigen Rentenleistungen finanzieren zu können, wird er steigen müssen. Allerdings nicht über 20 Prozent bis ins Jahr 2025. Das sieht zumindest der Koalitionsvertrag der Bundesregierung vor.

Blick in die Zukunft

Für die nächsten Jahre sind weitere Änderungen im Rentenrecht im Gespräch, zum Beispiel eine Vorsorgepflicht für Selbstständige, die nicht anderweitig für das Alter sparen müssen. Sie sollen verpflichtet werden, vorzusorgen. Wann es so weit ist, steht aber nicht fest. Sicher ist hingegen, dass uns manch andere Gesetzesänderung aus den vergangenen Jahren in der nächsten Zukunft weiter begleiten wird. So steht zum Beispiel fest, dass die Renten in Ost- und in Westdeutschland angeglichen werden. Ab 2025 sollen die im Laufe des Arbeitslebens gesammelten Rentenansprüche in allen Bundesländern gleich viel wert sein. Derzeit gibt es noch einen Unterschied.

Auch die 2017 in Kraft getretenen Regelungen zur Flexi-Rente (siehe S. 103 ff.) und zur Kombination aus Rente und Berufstätigkeit werden künftig ein wichtiger Bestandteil des Rentenrechts bleiben.

30 SEKUNDEN FAKTEN

32 MIO.

versicherungspflichtig Beschäftigte zahlen Beiträge an die Rentenversicherung. Zudem zahlen etwa 312 000 Selbstständige Pflichtbeiträge ein. Rund 216 000 Männer und Frauen leisten freiwillige Beiträge.

21 MIO.

Rentner gab es Mitte 2019. Dazu zählten etwa 12 Millionen Frauen und 9 Millionen Männer. Waisenrenten sind hier außen vor.

17 MIO.

Rentner bezogen Mitte 2019 nur eine Rente. Dazu gab es rund 4,1 Millionen Mehrfachrentner. Unter ihnen waren die allermeisten – rund 3,5 Millionen – Frauen.

Quelle: Deutsche Rentenversicherung

Die Leistungen im Überblick

Mit der Rente verbinden die meisten in erster Linie die Absicherung im Alter. Doch die gesetzliche Rentenkasse hat weit mehr zu bieten als die Altersrente. Die Absicherung für Hinterbliebene gehört genauso zum Leistungspaket wie Erwerbsminderungsrenten und die Übernahme von Kosten für Reha-Maßnahmen.

Rund 21 Millionen Versicherte erhielten Mitte 2019 eine oder gleich mehrere gesetzliche Renten. Im Schnitt flossen monatlich knapp 1050 Euro. Die Rentenhöhen waren dabei jedoch recht unterschiedlich verteilt: Während etwa Männer in Westdeutschland im Schnitt knapp 1100 Euro monatlich ausgezahlt bekamen, erhielten Frauen hier nur rund 700 Euro im Monat.

Den Rentenempfängern stehen die Beitragszahler gegenüber, unter anderem die rund 31 Millionen versicherungspflichtig Beschäftigten. Angestellte sind pflichtversichert in der gesetzlichen Rentenkasse. Das gilt auch für einige Selbstständige, andere zahlen freiwillige Beiträge.

Zu den freiwilligen Beitragszahlern können auch Beamte oder Hausfrauen gehören, die sich einen Anspruch auf eine Altersrente sichern wollen. Wie genau das funktioniert und warum sich dieser Schritt lohnen kann, erfahren Sie unter „Mehr rausholen: Freiwilliges Einzahlen als Chance“, S. 97.

Wenn Sie zu den Beitragszahlern gehören – egal ob pflichtversichert oder nicht –, erarbeiten Sie sich mit Ihren Beiträgen aber nicht nur den Anspruch auf die Altersrente: Sie sichern sich auch gegen weitere Risiken ab, zum Beispiel für den Fall, dass Sie erwerbsunfähig werden. Nicht zu vergessen ist der Hinterbliebenenschutz, den die Rentenkasse bietet: Auch wenn die gesetzliche

Witwen- oder Waisenrente allein meist nicht ausreichen wird, um den bisherigen Lebensstandard zu halten, können diese Renten zumindest eine gewisse finanzielle Entlastung für Hinterbliebene bringen.

Bevor wir die Leistungen im Detail mit ihren Bedingungen vorstellen, erfahren Sie, wie die Rentenhöhe ermittelt wird. Diese Informationen bilden die Basis für viele der im weiteren Verlauf des Ratgebers genannten Beispiele – etwa, wenn es um die Frage geht, wie Sie mit Ihrer Entscheidung über Ihre Arbeitszeit die Rente selbst beeinflussen können.

Eine Rechnung für sich: Für die Rente zählt jeder Punkt

Wie viel Rente kann ich im Alter oder im Notfall bekommen? Das ermittelt die Rentenkasse individuell anhand der auf dem Rentenkonto gespeicherten Daten.

Wie gut haben Sie im Berufsleben verdient? Und: Gehen Sie pünktlich in Rente oder früher als vom Gesetzgeber vorgesehen? Das sind zwei entscheidende Fragen, wenn es um die Berechnung Ihrer Altersrente geht.

Für die Erwerbsminderungs- und Hinterbliebenenrenten spielen noch weitere Fragen eine Rolle, etwa, wann Sie geboren wurden und wann Sie geheiratet haben.

Die Höhe Ihrer Altersrente wird nach der sogenannten Rentenformel berechnet. Diese Formel klingt zunächst kompliziert, doch so schwierig, wie es scheint, ist die Berechnung nicht. Die Formel lautet:

Entgeltpunkte
x Zugangsfaktor
x Rentenartfaktor
x aktueller Rentenwert
= monatliche Rente

Die Entgeltpunkte

Jeder Versicherte erwirbt im Laufe seiner Erwerbstätigkeit Entgeltpunkte – egal, ob er selbst Pflichtbeiträge oder freiwillige Beiträge an die Rentenversicherung zahlt oder ob es sich um Zeiten ohne eigene Beiträge handelt. Je mehr Entgeltpunkte er insgesamt sammelt, desto höher fällt seine Rente aus.

Wie sich die Punktzahl ergibt, lässt sich am einfachsten am Beispiel eines Angestellten nachvollziehen: Lebt er in den westlichen Bundesländern und hat er 2020 das Durchschnittseinkommen aller Erwerbstätigen in Deutschland in Höhe von 40551 Euro brutto verdient, haben er und sein Arbeitgeber zusammen 18,6 Prozent davon an die Rentenversicherung gezahlt. Das macht rund 7540 Euro im Jahr. Diese Beiträge bringen für 2020 genau einen Entgeltpunkt.

Hat unser Angestellter exakt das Doppelte verdient– 81102 Euro –, kommt er auf zwei Entgeltpunkte für 2020. Hat er lediglich 60 Prozent des Durchschnittseinkommens verdient – rund 24330 Euro im Jahr –, werden ihm 0,6 Entgeltpunkte für das Jahr auf seinem Rentenkonto gutgeschrieben.

Der Wert für das Durchschnittseinkommen 2020 steht allerdings noch nicht endgültig fest. Er kann im Nachhinein abweichen, wenn sämtliche Einkommensdaten ausgewertet sind.

Etwas anders sieht die Rechnung derzeit für einen Arbeitnehmer in Ostdeutschland aus. Die in jedem Jahr anhand des Einkommens ermittelten Entgeltpunkte werden noch bis 2025 mit einem Umrechnungsfaktor multipliziert. Dieser Faktor lag 2020 bei 1,0700. Mit diesem Zusatzfaktor soll der Nachteil ausgeglichen werden, der heute noch beim Lohnniveau zwischen Ost und West besteht. Umgerechnet bedeutet das: Um für 2020 genau einen Entgeltpunkt zu bekommen, musste ein Arbeitnehmer in Leipzig oder Chemnitz nicht 40551 Euro im Jahr verdienen, sondern nur gut 37898 Euro. Hat er 2020 in den östlichen Bundesländern 40551 Euro verdient, werden seinem Rentenkonto 1,07 Entgeltpunkte gutgeschrieben. Der Faktor variiert noch jedes Jahr. Ab 2025 wird es ihn nicht mehr geben, da dann kein Unterschied mehr zwischen West- und Ostrenten gemacht wird.

Entgeltpunkte sammeln Sie aber nicht nur in Lebensphasen, in denen Sie als Angestellter gemeinsam mit Ihrem Arbeitgeber Pflichtbeiträge an die Rentenversicherung geleistet haben. Auch für Zeiten der Arbeitslosigkeit, der Kindererziehung oder für den Bundesfreiwilligendienst werden Ihrem Rentenkonto Entgeltpunkte gutgeschrieben. Ihr Konto wächst ebenfalls, wenn Sie zum Beispiel als Selbstständiger freiwillige Beiträge in die Rentenkasse zahlen.

Der Zugangsfaktor

Im Zugangsfaktor schlägt sich nieder, ob Sie pünktlich – also bei Erreichen der gesetzlich vorgesehenen Altersgrenze – in Rente gehen oder früher oder später.

Für alle Versicherten, die termingemäß in Rente gehen, liegt dieser Faktor bei 1,0. Bezieht beispielsweise ein 1956 geborener Angestellter im Alter von 65 Jahren und zehn Monaten seine erste Altersrente, steht für ihn die 1,0 in der Rentenformel. Beginnt seine Rente schon früher, muss er häufig für jeden Monat vor der Altersgrenze einen Abschlag von 0,3 Prozent auf den Rentenan-

30
SEKUNDEN FAKTEN

18,3 MIO.

Altersrenten wurden Ende 2019 gezahlt. Es flossen rund 1,8 Millionen Erwerbsminderungs- und etwa 5,6 Millionen Hinterbliebenenrenten.

1 048 €

im Monat: So hoch war Mitte 2019 im Durchschnitt der Rentenbetrag, der nach Abzug der Beiträge zur gesetzlichen Kranken- und Pflegeversicherung ausgezahlt wurde.

64,1 JAHRE

alt waren die Männer und Frauen im Schnitt bei Beginn ihrer Altersrente. Erwerbsminderungsrenten starteten mit 52,2 Jahren.

Quelle: Deutsche Rentenversicherung

spruch in Kauf nehmen. Ausnahme: Er erfüllt die Bedingungen für die „Rente für besonders langjährig Versicherte". Dann entgeht er den Abschlägen.

Erfüllt er die Voraussetzungen für diese Rente nicht, ergibt sich folgender Wert: Ginge unser 1956 geborener Arbeitnehmer nicht mit 65 Jahren und zehn Monaten in Rente, sondern bereits mit 64 Jahren und zehn Monaten, läge sein Zugangsfaktor nicht bei 1,0, sondern bei 0,964, da ihm insgesamt 3,6 Prozent von der Leistung abgezogen werden. Umgekehrt gilt: Würde er länger arbeiten und die erste Rente zum Beispiel im Alter von 66 Jahren und zehn Monaten beziehen, bekäme er für jeden Monat über der Altersgrenze einen Zuschlag von 0,5 Prozent. Bei zwölf Monaten Mehrarbeit wären das 6 Prozent. Sein Zugangsfaktor läge dann nicht bei 1,0, sondern bei 1,06.

Der Rentenartfaktor

Wie hoch der dritte Faktor in der Rentenformel ausfällt, hängt davon ab, um welche Art von Rente es sich handelt. Je mehr eine Rente zur Sicherung des Lebensunterhalts beitragen soll, desto höher ist der Rentenartfaktor. Für die Altersrente liegt er bei 1,0, genau wie bei der Rente wegen voller Erwerbsminderung. Für die Rente bei teilweiser Erwerbsminderung beträgt er nur 0,5.

Der aktuelle Rentenwert

Der aktuelle Rentenwert ist der finanzielle Gegenwert, den Rentner für jeden gesam-

Meine Rente – mein Plan

Die Rentenversicherung informiert Sie regelmäßig darüber, wie hoch Ihre Rente ausfallen wird. Heften Sie diese Schreiben nicht ungesehen ab, sondern nutzen Sie sie für Ihre weiteren Entscheidungen: zum Beispiel, um zu klären, wie viel Sie noch für die zusätzliche Altersvorsorge investieren sollten oder ob Sie sich einen vorzeitigen Rentenbeginn leisten können. Je näher der Ruhestand rückt, desto mehr Aussagekraft haben diese Papiere.

melten Entgeltpunkt erhalten. Seit Mitte 2020 liegt er bei 34,19 Euro in den westlichen und bei 33,23 Euro in den östlichen Bundesländern.

Um diesen „aktuellen Rentenwert" geht es, wenn etwa in den Medien darüber berichtet wird, dass die Renten jeweils um einen bestimmten Prozentsatz steigen sollen. Denn in der Regel werden jedes Jahr zum 1. Juli die aktuellen Rentenwerte West und Ost erhöht.

Was am Ende herauskommt

Anhand der oben genannten Formel lässt sich also ermitteln, wie hoch die Rente ausfallen wird.

Beispiel: Gregor lebt in Bremen und wurde am 4. Januar 1955 geboren. Er hat die Altersgrenze für die Regelaltersrente im Alter von 65 Jahren und neun Monaten erreicht, also im Oktober 2020. Seine erste Rente hat er im November 2020 bekommen. Angenommen, er hatte bis dahin 43 Versicherungsjahre hinter sich und in dieser Zeit 52 Entgeltpunkte auf seinem Rentenkonto gesammelt. Dann ergibt sich ein Rentenanspruch von derzeit knapp 1778 Euro jeden Monat:

52 Entgeltpunkte
x 1 (Zugangsfaktor)
x 1 (Rentenartfaktor)
x 34,19 Euro (aktueller Rentenwert West)
= 1 777,88 Euro (monatliche Rente)

Gregors Frau Annegret würde gerne auch bald in Rente gehen. Sie wurde am 6. Juni 1958 geboren und kann frühestens zum 1. Juli 2021 im Alter von 63 Jahren in Rente gehen. Ihre Rentenansprüche werden bis dahin allerdings nicht überragend sein: weil sie vorzeitig aufhört zu arbeiten, weil sie mehrere Jahre für die Erziehung ihrer zwei Kinder zu Hause geblieben ist und weil sie über viele Jahre Teilzeit anstatt Vollzeit gearbeitet hat. All das macht sich bei Annegrets Rente bemerkbar.

Angenommen, sie verdient bis zum Sommer 2021 weiter so wie zuletzt und wird bis dahin auf rund 26 Entgeltpunkte kommen. Da sie vorzeitig – genau drei Jahre früher als vom Gesetzgeber vorgesehen – in Rente geht, werden ihr aber noch 10,8 Prozent von den bis dato erworbenen Ansprüchen abgezogen. Ihre Rentenhöhe ergibt sich aus diesen Werten:

26 Entgeltpunkte
x 0,892 (Zugangsfaktor)
x 1 (Rentenartfaktor)
x 34,19 Euro (aktueller Rentenwert West)
= 792,93 Euro (monatliche Rente)

Ansprüche im Blick – regelmäßig über die Rente informiert

Wenn Sie mitten im Berufsleben stehen, werden Sie sich kaum Gedanken machen über die zu sammelnden Entgeltpunkte. Trotzdem werden Sie mindestens einmal im Jahr mit diesem Thema konfrontiert: wenn Sie per Post über Ihre bis dato gesammelten und künftig möglichen Rentenansprüche informiert werden. Die erste Renteninformation verschickt der Versicherungsträger an Versicherte, die mindestens 27 Jahre alt sind und mindestens fünf Jahre Beiträge gezahlt haben.

Mit der ersten Renteninformation erhalten Sie einen Überblick über Ihren bisherigen Versicherungsverlauf. Anhand dieses „Kontoauszugs" können Sie prüfen, ob alle Versichertenzeiten berücksichtigt wurden. Wenn es Lücken gibt, sollten Sie sich um direkte Klärung bemühen. Sie können das auch später noch tun, doch je länger Sie warten, desto schwieriger kann es werden, die notwendigen Belege zu finden.

→ Kontenklärung mit 43

Im Alter von 43 Jahren erhalten Sie von der Deutschen Rentenversicherung im Regelfall automatisch Post mit einem aktuellen Versicherungsverlauf und einem Fragebogen zur Kontenklärung. Den müssen Sie aber nicht allein ausfüllen, sondern Sie können sich dafür die Hilfe eines Beraters der Rentenversicherung holen. Unabhängig von dieser Aufforderung können Sie jederzeit eine Kontenklärung beantragen. Die Rentenversicherungsträger sind gesetzlich verpflichtet, dafür zu sorgen, dass die in den Versicherungskonten gespeicherten Daten vollständig und geklärt sind.

Die Renteninformation im Überblick

Die Renteninformation besteht aus zwei Seiten. Ein Muster haben wir auszugsweise auf der Seite rechts abgebildet. Dort finden Sie unter anderem folgende Zahlen:

1. **Versicherungszeiten:** Sie können sehen, in welchen Zeiten Sie Entgeltpunkte gesammelt haben.
2. **Rentenbeginn:** Sie erfahren, wann Sie erstmals die Regelaltersrente beziehen können.
3. **Ihre Ansprüche im Fall von Erwerbsminderung:** Sie erfahren, wie hoch Ihre Rente ausfallen würde, wenn Sie ab jetzt voll erwerbsgemindert wä-

Versicherungsnummer, Kennzeichen
XX XXXX71 X XXX

Rentenversicherung
Bund

Hauptverwaltung

Ruhrstr. 2, 10709 Berlin
Postanschrift: 10704 Berlin
Telefon 0800-100048070
Telefax 030 865-27240
E-Mail
drv@drv-bund.de
Homepage
www.deutsche-rentenversicherung-bund.de

Datum 08.01.2020

Deutsche Rentenversicherung Bund · Gera

Frau
Eva Musterfrau
Ruhrstr. 2
10709 Berlin

enteninformation 2020

Ihre Renteninformation

Sehr geehrte Frau Musterfrau,

in dieser Renteninformation haben wir die für Sie vom 01.09.1987 bis zum 31.12.2019 gespeicherten (1) Daten und das geltende Rentenrecht berücksichtigt. Ihre **Regelaltersrente** würde am **01.02.2038** (2) beginnen. Änderungen in Ihren persönlichen Verhältnissen und gesetzliche Änderungen können sich auf Ihre zu erwartende Rente auswirken. Bitte beachten Sie, dass von der Rente auch Kranken- und Pflegeversicherungsbeiträge sowie gegebenenfalls Steuern zu zahlen sind. Auf der Rückseite finden Sie zudem wichtige Erläuterungen und zusätzliche Informationen.

Rente wegen voller Erwerbsminderung
Wären Sie heute wegen gesundheitlicher Einschränkungen voll erwerbsgemindert, bekämen Sie von uns eine monatliche Rente von: 1.265,42 EUR (3)

Höhe Ihrer künftigen Regelaltersrente
Ihre bislang erreichte Rentenanwartschaft entspräche nach heutigem Stand einer monatlichen Rente von: 815,79 EUR (4)
Sollten bis zum Rentenbeginn Beiträge wie im Durchschnitt der letzten fünf Kalenderjahre gezahlt werden, bekämen Sie ohne Berücksichtigung von Rentenanpassungen von uns eine monatliche Rente von: 1.506,30 EUR (5)

Rentenanpassung
Aufgrund zukünftiger Rentenanpassungen kann die errechnete Rente in Höhe von 1.506,30 EUR tatsächlich höher ausfallen. Allerdings können auch wir die Entwicklung nicht vorhersehen. Deshalb haben wir - ohne Berücksichtigung des Kaufkraftverlustes - zwei mögliche Varianten für Sie gerechnet. Beträgt der jährliche Anpassungssatz 1 Prozent, so ergäbe sich eine monatliche Rente von etwa 1.800 EUR. Bei einem jährlichen Anpassungssatz von 2 Prozent ergäbe sich eine monatliche Rente von etwa 2.150 EUR. (6)

(5) Rentenhochrechnung ohne Anpassung. Für die Einschätzung Ihrer Rentenlücke ist es am einfachsten, wenn Sie sich an dem Betrag orientieren, der in Ihrer Renteninformation an dieser Stelle steht. Wie kämen Sie heute mit dieser Summe zurecht?

tion 2020

Rentenbeiträge und Entgeltpunkte
Bisher haben wir für Ihr Rentenkonto folgende Beiträge erhalten:

Von Ihnen	40.278,99 EUR (7)
Von Ihrem/n Arbeitgeber/n	40.534,29 EUR
Von öffentlichen Kassen (z.B. Krankenkasse, Agentur für Arbeit)	9.459,45 EUR

Für Ihre Kindererziehungszeiten wurden vom Bund pauschale Beiträge gezahlt.
Aus den erhaltenen Beiträgen und Ihren sonstigen Versicherungszeiten haben Sie bisher insgesamt Entgeltpunkte in folgender Höhe erworben: 25,5799 (8)

Rente wegen voller Erwerbsminderung
Bei einer Rente wegen Erwerbsminderung schreiben wir Ihnen zusätzliche Entgeltpunkte

Die Erläuterung der einzelnen Ziffern finden Sie im Text ab S. 28.
Quelle: Deutsche Rentenversicherung

ren, also wenn Sie nicht mehr in der Lage wären, für mindestens drei Stunden am Tag irgendeine Art von Arbeit zu verrichten.

4 **Rentenanwartschaft:** Sie sehen, welche Rentenansprüche Sie bisher erworben haben. Diese sind Ihnen sicher, auch dann, wenn Sie ab jetzt keinen einzigen Euro mehr in die Rentenkasse einzahlen.

5 **Rentenhochrechnung ohne Anpassung:** Im nächsten Schritt erfahren Sie, wie hoch Ihre Rente ausfallen wird, wenn Sie bis zur Altersgrenze weiter Beiträge in der Höhe einzahlen, wie Sie dies durchschnittlich in den vergangenen fünf Jahren getan haben.

6 **Rentenhochrechnung mit Anpassung:** Jedes Jahr wird neu entschieden, ob die Rente angehoben wird und um wie viel Prozent sie jeweils zum 1. Juli eines Jahres steigt. Sie sollen erfahren, wie hoch Ihre Rente ausfallen wird, wenn es solche Anpassungen gibt. Deshalb erstellt die Rentenversicherung eine Prognose: Wie hoch wäre die monatliche Leistung bei jährlichen Rentensteigerungen von 1 Prozent und von 2 Prozent?

7 **Beiträge:** Sie können der Information entnehmen, wie viel Beiträge Sie und Ihr Arbeitgeber eingezahlt haben. Auch Zahlungen von öffentlichen Kassen während längerer Krankheit oder Arbeitslosigkeit werden mitgezählt.

8 **Entgeltpunkte:** Sie sehen, wie viele Punkte Sie bislang auf Ihrem Rentenkonto haben.

Aus der Renteninformation wissen Sie, was Ihnen nach heutigem Stand an Rente sicher ist und wie hoch Ihre Rente voraussichtlich ausfallen wird, wenn Sie bis zum Rentenbeginn so weiterverdienen wie bisher. Dazu erfahren Sie, wie viel Rente Sie im Monat bei Rentensteigerungen bekommen könnten.

„Es ist nicht sicher, wie hoch die Rentensteigerungen in Zukunft tatsächlich sein werden.

Besagen diese Prognosen, dass Sie es zum Beispiel auf 2000 oder gar 3000 Euro im Monat bringen können? Bedenken Sie, dass dies wirklich Prognosen sind und keine endgültigen Werte. Es ist nicht ganz sicher, wie hoch die Rentensteigerungen tatsächlich sein werden. In der Vergangenheit gab es zwar attraktive Rentensteigerungen von zum Teil über 3 Prozent. In anderen Jahren fielen sie aber auch deutlich niedriger aus oder entfielen sogar ganz.

Auf eine weitere Unsicherheit weist die Rentenversicherung ebenfalls hin: Wie viel ist ein Rentenanspruch von zum Beispiel 1500 Euro noch wert, wenn Sie erst in 20 oder 30 Jahren den Ruhestand erreichen?

Der Preisanstieg – die Inflation – sorgt dafür, dass Sie sich dann etwa für 1500 Euro deutlich weniger kaufen können als heute. Steigen die Preise jedes Jahr um 2 Prozent, benötigen Sie für den Kauf von Gütern, die heute 1500 Euro kosten, schon in zehn Jahren knapp 1830 Euro.

Letztlich lässt sich heute also nicht genau sagen, was Sie sich einmal für Ihre Rente leisten können. Am einfachsten ist es deshalb, wenn Sie sich bei Ihrer weiteren Finanzplanung an dem in der Grafik auf S. 29 unter Randziffer „5" genannten Wert orientieren. Fragen Sie sich: Wie käme ich heute mit der Rente aus, die ich voraussichtlich erreiche, wenn ich weiter arbeite und verdiene wie zuletzt? Lassen Sie bei Ihren Überlegungen die Prognosen zu Rentensteigerungen und Inflation erst einmal außen vor.

Rentenauskunft ab Mitte 50

Ab 55 erhalten Sie nicht mehr jedes Jahr die Renteninformation, sondern stattdessen in der Regel alle drei Jahre automatisch die sogenannte Rentenauskunft. Auch sie gibt Ihnen einen Überblick, mit welchen Einnahmen Sie im Alter rechnen können. Die Rentenauskunft enthält demnach:

- eine Übersicht der auf dem Versichertenkonto gespeicherten Versicherungszeiten,
- eine Übersicht zu Ihren bisher erworbenen Entgeltpunkten und dem Wert, den diese nach dem aktuellen Stand haben,
- sowie die Auskunft, mit welchen Leistungen Sie nach derzeitigem Stand rechnen können, wenn Sie keine weiteren Beiträge an die Rentenversicherung zahlen.
- Neben der Höhe Ihrer Altersrente, die Ihnen nach derzeitigem Stand bei Erreichen der Regelaltersgrenze zustehen würde, erfahren Sie, wie hoch eine Erwerbsminderungs- und eine Hinterbliebenenrente heute ausfallen würden.

Auf Antrag können Sie auch schon vor Ihrem 55. Geburtstag die Rentenauskunft und weitere Informationen erhalten, etwa:

Gerade, wenn Sie verschiedene Phasen in Ihrem Erwerbsleben hatten, ist es wichtig, sich Klarheit bei der gesetzlichen Rente zu verschaffen. Beantragen Sie bei der Rentenversicherung ein Verfahren zur Kontenklärung. Je früher Sie das tun, desto einfacher wird es für Sie, sämtliche Daten vorzulegen und Phasen mit ungeklärter Versicherten- und Beitragssituation zu klären. Prüfen Sie die Renteninformation oder die Rentenauskunft, die Ihnen einen Überblick über Ihre erworbenen Ansprüche liefern.

- eine Übersicht, welche Sonderzahlung möglich und nötig wäre, um die Abschläge auszugleichen, die mit einem vorzeitigen Rentenbeginn verbunden sind. Eine solche Sonderzahlung und auch der Antrag auf die Zusatzinformation sind ab 50 möglich.
- eine Übersicht über die in der Ehe erworbenen Rentenansprüche. Diese ist zum Beispiel für den Versorgungsausgleich im Zuge einer Scheidung notwendig. Sind Sie geschieden, können Sie beim Familiengericht eine Überprüfung des Versorgungsausgleichs veranlassen.

Anders als die Renteninformation enthält die Rentenauskunft keine Prognose über die zu erwartende Rente, wenn es Rentenanpassungen gibt. Allerdings bekommen Sie diese Informationen ja weiterhin – nur eben erst wieder im nächsten und im übernächsten Jahr mit der Renteninformation.

Später versorgt: Die Altersrente

Es gibt mehrere Formen von Altersrenten. Die Voraussetzungen für die „Regelaltersrente" sind am einfachsten zu erfüllen.

Über viele Jahre war klar: Regulär startet die Rente mit 65 Jahren. Seit 2012 aber steigt das Eintrittsalter stufenweise auf 67 Jahre an. Je nach Geburtsjahr müssen Sie somit bis zu zwei Jahre länger als früher arbeiten, wenn Sie – so wie es der Gesetzgeber vorsieht – pünktlich in den Ruhestand gehen. Das gilt für ab 1947 geborene Versicherte. Ausnahmen gibt es bei frühzeitig vereinbarter Altersteilzeit oder für entlassene Mitarbeiter im Bergbau (siehe „Altersgrenzen für die Regelaltersrente", S. 33).

Die Regelaltersrente ist quasi der Normalfall. Neben dem eigenen Alter ist eine weitere Voraussetzung für den Anspruch auf Rente, dass Sie eine Mindestversicherungszeit von fünf Jahren aufweisen. Für diese sogenannte Wartezeit zählen zum Beispiel die Jahre mit, in denen Angestellte mit dem Arbeitgeber in die Rentenkasse eingezahlt haben. Aber auch andere Phasen wie Kindererziehungszeiten und Zeiten mit freiwilligen Beiträgen werden angerechnet.

Früher als vorgesehen in Rente

Bis zum 65. oder 67. Geburtstag arbeiten? Für viele Berufstätige kommt das nicht infrage. Sie wollen am liebsten früher aus dem

Altersgrenzen für die Regelaltersrente

Pünktlich mit 65 in Rente – diese Zeiten sind vorbei. Seit 2012 steigen die Altersgrenzen für die Regelaltersrente je nach Geburtsjahr stufenweise auf 67 Jahre an.

Geburtsjahr	Regelaltersrente [1]: vorgesehener Rentenbeginn im Alter von	Geburtsjahr	Regelaltersrente [1]: vorgesehener Rentenbeginn im Alter von
1947	65 Jahren + 1 Monat	1956	65 Jahren + 10 Monaten
1948	65 Jahren + 2 Monaten	1957	65 Jahren + 11 Monaten
1949	65 Jahren + 3 Monaten	1958	66 Jahren
1950	65 Jahren + 4 Monaten	1959	66 Jahren + 2 Monaten
1951	65 Jahren + 5 Monaten	1960	66 Jahren + 4 Monaten
1952	65 Jahren + 6 Monaten	1961	66 Jahren + 6 Monaten
1953	65 Jahren + 7 Monaten	1962	66 Jahren + 8 Monaten
1954	65 Jahren + 8 Monaten	1963	66 Jahren + 10 Monaten
1955	65 Jahren + 9 Monaten	ab 1964	67 Jahren

1) Unter bestimmten Voraussetzungen, etwa wenn Sie vor dem 1. Januar 1955 geboren wurden und vor dem 1. Januar 2007 mit Ihrem Arbeitgeber Altersteilzeit vereinbart haben, war es möglich, die Regelaltersrente weiter mit 65 Jahren zu beziehen.

Quelle: Deutsche Rentenversicherung

Berufsleben ausscheiden, und das geht, sofern sie bestimmte Bedingungen erfüllen.

Versicherte, die besonders lang gearbeitet und entsprechend lang in die Rentenkasse eingezahlt haben, dürfen vorzeitig in Rente gehen. Möglich machen es die „Rente für besonders langjährig Versicherte“ und die „Rente für langjährig Versicherte“.

- **Rente für besonders langjährig Versicherte:** Diese Rente, die 2014 eingeführt wurde, können Versicherte beantragen, die eine Wartezeit von mindestens 45 Jahren vorweisen können. Sie wurde häufig „abschlagsfreie Rente mit 63“ genannt. Das stimmt allerdings heute nicht mehr ganz: Eine abschlagsfreie

Rente pünktlich zum 63. Geburtstag ist mittlerweile nicht mehr möglich, denn auch diese Altersgrenze steigt je nach Geburtsjahr stufenweise an – bis auf 65 Jahre für alle, die 1964 oder später geboren wurden (siehe Tabelle „Ohne Abschläge in Frührente", S. 86). Dennoch hat diese Rentenart einen großen Vorteil: Wenn Sie das entsprechende Alter erreicht haben und die geforderte Versicherungszeit erfüllen, verhindern Sie, dass der Rentenversicherer Ihre bisher erworbenen Leistungsansprüche kürzt.

- **Rente für langjährig Versicherte:** Sie kann tatsächlich pünktlich mit 63 starten. Voraussetzung: Sie können mindestens 35 Versicherungsjahre nachweisen. Sie müssen aber einplanen, dass die Rentenkasse für jeden Monat, in dem Sie vor dem gesetzlich vorgesehenen Rentenbeginn Leistungen beziehen, 0,3 Prozent von den bis dato erworbenen Ansprüchen abzieht.

Wenn Sie heute noch im Berufsleben stehen und sich einen vorzeitigen Rentenbeginn vorstellen können, sollten Sie genau überlegen, was für Sie infrage kommt, und sich Expertenrat holen. Eine Schwierigkeit kann zum Beispiel sein, dass für die bei der „Rente für besonders langjährig Versicherte" geforderten 45 Versicherungsjahre nicht alle Zeiten mitzählen. Zum Beispiel werden Jahre, in denen Sie freiwillige Rentenbeiträge geleistet haben, nur dann auf die geforderte Wartezeit angerechnet, wenn Sie vorher mindestens 18 Jahre Pflichtbeiträge gezahlt haben (siehe „Wer darf wann gehen?", S. 86). Wenn nicht, bleiben die Jahre mit freiwilligen Beiträgen außen vor.

Das gilt ebenfalls für Zeiten, die Ihnen im Zuge einer Scheidung über den Versorgungsausgleich übertragen wurden, und für Zeiten der Arbeitslosigkeit, wenn sie in den zwei Jahren vor dem Rentenbeginn lagen. Bei der „Rente für langjährig Versicherte" – also bei der Frührente mit Abschlägen – ist das anders, denn hier werden auch diese Zeiten auf die geforderten 35 Jahre Wartezeit angerechnet.

Dickes Minus – ja oder nein?

Die Entscheidung für die eine oder die andere Form der vorgezogenen Altersrente kann eine Menge Geld ausmachen. Wer die „Rente für langjährig Versicherte" wählt – also die vorzeitige Rente mit Abschlägen –, muss einkalkulieren, dass der Rentenversicherer ihm je nach Geburtsjahr und je nach Zeitpunkt des Eintritts in den Ruhestand bis zu 14,4 Prozent von den erworbenen Ansprüchen abzieht (0,3 Prozent für bis zu 48 Monate). Das macht sich deutlich bemerkbar.

Beispiel: Regina wurde im August 1957 geboren. Ihre Regelaltersrente steht ihr im Alter von 65 Jahren und elf Monaten zu. Sie wollte aber schnellstmöglich aufhören zu arbeiten und Zeit mit ihrem Mann verbringen, der bereits Rentner ist. Also entschied sie sich, im August 2020 nach ihrem 63. Geburtstag aus dem Job auszuscheiden – ihre erste Rente erhielt sie dann im September 2020, zwei Jahre und elf Monate früher als vom Gesetzgeber vorgesehen.

Für diese insgesamt 35 Monate wird der Rentenversicherer ihr lebenslang 10,5 Prozent von der Rente abziehen. So schrumpft zum Beispiel ein Anspruch von 800 Euro Monatsrente automatisch auf 716 Euro.

Wollen Sie ein solches Minus umgehen, ist es umso wichtiger, genau zu planen, wann der richtige Zeitpunkt für den Rentenbeginn ist. Muss es wirklich der frühestmögliche Termin sein?

Beispiel: Klaus wurde im Juli 1957 geboren. Per Gesetz ist für ihn ein Rentenbeginn mit 65 Jahren und elf Monaten vorgesehen. Doch das wollte er nicht. Am liebsten wäre auch er so früh wie möglich in Rente gegangen: Zum 1. August 2020 hätte er im Alter von genau 63 Jahren mit Abschlägen in Rente gehen können. Von den bis dato erworbenen Ansprüchen von 1600 Euro im Monat hätte der Rentenversicherer aber 10,5 Prozent abgezogen (0,3 Prozent für 35 Monate). Übrig geblieben wären 1 432 Euro.

Er hat sich deshalb entschieden, noch zehn Monate durchzuhalten – weil er bei seinem Geburtsjahr 1957 mit 63 Jahren und zehn Monaten alt genug für die abschlagsfreie Frührente ist. Sie wird deutlich höher ausfallen: weil er die Abschläge umgeht und zehn Monate länger Beiträge gezahlt hat.

Letztlich wird er mit seiner Entscheidung, noch etwas länger zu arbeiten, auf eine Monatsrente von mehr als 1600 Euro kommen. Denn er zahlt ja in diesen zusätzlichen Arbeitsmonaten weiter in die Rentenkasse ein und erwirbt weitere Rentenansprüche.

Lassen Sie sich ausrechnen, wann Sie die jeweils nötigen Wartezeiten erfüllen.

Und was wäre, wenn Klaus im Alter von 63 Jahren und zehn Monaten noch nicht die für die abschlagsfreie Rente geforderte Wartezeit von 45 Jahren erfüllt, ihm zum Beispiel noch wenige Monate fehlen? Dann wäre es aus finanzieller Sicht sinnvoll, wenn er auch noch für diese Monate im Job bleibt, um den Abschlägen zu entgehen.

Wenn Sie selbst nicht den Überblick über Ihre Versicherungszeiten haben, lassen Sie sich von der Deutschen Rentenversicherung ausrechnen, wann Sie die für die einzelnen Formen der Frührente geforderten Wartezeiten erfüllen.

Rente für Schwerbehinderte

Noch vor dem 63. Geburtstag können Sie in Rente gehen, wenn Sie einen Grad der Behinderung (GdB) von mindestens 50 sowie eine Wartezeit in der gesetzlichen Rentenversicherung von 35 Jahren vorweisen. Die normale Altersgrenze für eine abschlagsfreie Rente für schwerbehinderte Menschen

Vorzeitig in Rente bei Schwerbehinderung

Eine Altersrente bei Schwerbehinderung können Sie regulär je nach Geburtsjahr im Alter zwischen 63 und 65 Jahren beziehen. Mit Abschlägen dürfen Sie früher aussteigen.

Geburtstag	Vorgesehener Rentenbeginn[1)]	Geburtstag	Vorgesehener Rentenbeginn[1)]
bis 1951	63 Jahre	1956	63 Jahre + 10 Monate
Januar 1952	63 Jahre + 1 Monat	1957	63 Jahre + 11 Monate
Februar 1952	63 Jahre + 2 Monate	1958	64 Jahre
März 1952	63 Jahre + 3 Monate	1959	64 Jahre + 2 Monate
April 1952	63 Jahre + 4 Monate	1960	64 Jahre + 4 Monate
Mai 1952	63 Jahre + 5 Monate	1961	64 Jahre + 6 Monate
Juni–Dez. 1952	63 Jahre + 6 Monate	1962	64 Jahre + 8 Monate
1953	63 Jahre + 7 Monate	1963	64 Jahre + 10 Monate
1954	63 Jahre + 8 Monate	ab 1964	65 Jahre
1955	63 Jahre + 9 Monate		

1) Mit Abschlägen von bis zu 10,8 Prozent dürfen Sie bis zu drei Jahre früher in Rente gehen. Je nach Einzelfall ist der vorzeitige Rentenbeginn auch ohne Abschläge möglich, etwa bei frühzeitig vereinbarter Altersteilzeit.
Quelle: Deutsche Rentenversicherung

wird seit 2012 stufenweise von 63 auf 65 Jahre angehoben. Trotzdem können Sie bereits bis zu drei Jahre vor dieser Grenze in den Ruhestand gehen (je nach Geburtsjahr zwischen dem 60. und dem 62. Lebensjahr). Dafür müssen Sie aber im Normalfall Abschläge von bis zu 10,8 Prozent hinnehmen.

Übrigens: Für ehemalige Mitarbeiter im Bergbau gelten besondere Regeln. So gibt es die spezielle Altersrente für langjährig unter Tage Beschäftigte, wenn sie eine Wartezeit von 25 Jahren mit ständigen Arbeiten unter Tage erfüllt haben. Mehr Infos bekommen Sie unter kbs.de.

Wenn gesundheitliche Probleme Arbeit verhindern

Im Fall von Erwerbsminderung können Sie Geld aus der Rentenkasse bekommen. Allerdings bieten Renten von im Schnitt rund 850 monatlich keine komplette Absicherung.

Allergische Reaktionen auf wichtige Arbeitsmaterialien, ein wiederholter Bandscheibenvorfall, eingeschränkte Einsatzmöglichkeiten nach schwerer Krebserkrankung: Wenn die Gesundheit nicht mehr mitspielt und Versicherte beruflich zurückstecken müssen oder gar nicht mehr arbeiten können, sollen sie nicht mit leeren Händen dastehen. Deshalb gibt es die Absicherung für den Fall der verminderten Erwerbsfähigkeit. Der häufigste Grund für die Zahlung einer Rente sind psychische Erkrankungen. Mehr als jede dritte Rente wegen verminderter Erwerbsfähigkeit wird deshalb gezahlt (siehe „Hätten Sie's gewusst?", S. 39).

Eine solche Rente können Versicherte bis zu dem Zeitpunkt bekommen, an dem sie die Altersgrenze für die Regelaltersrente erreichen. Im Anschluss erhalten sie entweder auf Antrag oder automatisch ihre Altersrente. Wollen Sie, dass Ihre Erwerbsminderungsrente früher in die Altersrente umgewandelt wird, müssen Sie dies beantragen.

Keine Sorge: Sollten die Berechnungen der Rentenversicherung ergeben, dass Ihre Altersrente niedriger ausfällt als die bereits ausgezahlte Erwerbsminderungsrente in den letzten 24 Monaten vor Beginn der Altersrente, müssen Sie keine Verluste fürchten. In dem Fall bleibt Ihnen als Altersrente der Betrag, den Sie vorher als Erwerbsminderungsrente erhalten haben.

Rente je nach Ausmaß der Beeinträchtigung

Als Versicherter können Sie Anspruch auf eine Rente wegen voller oder teilweiser Erwerbsminderung haben. Für ältere Versicherte ist außerdem eine Rente aus Anlass der Berufsunfähigkeit möglich.

Grundsätzlich gilt: Die Renten, die bei verminderter Erwerbsfähigkeit gezahlt werden, sind in der Regel zunächst auf drei Jahre befristet – es könnte ja sein, dass sich Ihr Gesundheitszustand wieder verbessert. Meist wird die Befristung bis zu zweimal wiederholt, sodass die Rente bis zu neun Jahre fließt, ehe sie auf Dauer gezahlt wird. Nur in Ausnahmefällen ist es möglich, von Anfang an eine dauerhafte Rentenzahlung zu erhalten.

→ Weiterzahlung früh genug beantragen

Endet die befristete Erwerbsminderungsrente, sollten Sie früh genug einen Antrag stellen, dass die Rente nach Ablauf der Frist weitergezahlt wird. Dafür nutzen Sie das Formular R120, oder Sie schreiben zunächst formlos an den Rentenversicherer, der sich dann mit erneuten Fragen an Sie wendet. Am besten stellen Sie den Antrag etwa vier Monate vor Fristende beim Rentenversicherer.

Die Leistungen bei Erwerbsminderung sind allerdings nicht überragend. Sie hängen wie bei der Altersrente vor allem von der Höhe der geleisteten Versicherungsbeiträge und den so erworbenen Entgeltpunkten ab. Durchschnittlich lagen die Renten im Jahr 2019 bei 827 Euro im Monat in West- und 863 Euro in Ostdeutschland.

Tritt die Erwerbsunfähigkeit ein, wenn Sie noch jung sind, zählen für die Rentenhöhe nicht nur die bereits gezahlten Beiträge. Sonst wäre die ausgezahlte Erwerbsminderungsrente noch niedriger als ohnehin schon. Betroffene Versicherte, die vom eigentlichen Rentenalter noch entfernt sind, werden durch die sogenannte Zurechnungszeit finanziell bessergestellt: Ihre Erwerbsminderungsrente wird hochgerechnet. Lange Zeit wurde so gerechnet, als hätten sie bis zum 60. Geburtstag gearbeitet und entsprechend Rentenbeiträge eingezahlt, doch mittlerweile steigt die Zurechnungszeit jährlich stufenweise auf bis zu 67 Jahre an – parallel zur jedes Jahr ansteigenden Regelaltersgrenze. Das ist gut für die jüngeren Versicherten, da ihr Rentenanspruch damit im Ernstfall etwas höher ist.

Befristete Renten werden frühestens ab dem siebten Monat nach Eintritt der Erwerbsminderung gezahlt. Unbefristete Renten können dagegen ab dem ersten Monat fließen – gegebenenfalls rückwirkend. Vo-

Meine Rente – mein Plan

Ob mit oder ohne Zurechnungszeit: Bei Erwerbsminderung werden die Rentenzahlungen meist nicht ausreichen, um davon den bisherigen Lebensstandard zu halten. Deshalb ist es unbedingt zu empfehlen, in jungen Jahren zusätzlich eine private Berufsunfähigkeitsversicherung abzuschließen. Doch auch wenn die Leistungen aus der gesetzlichen Rentenversicherung begrenzt sind: Besser als nichts sind sie allemal. Das gilt vor allem für diejenigen, die sich einen zusätzlichen privaten Versicherungsschutz nicht leisten können, wegen ihres Alters kein bezahlbares Angebot mehr finden oder den Schutz aufgrund von Vorerkrankungen gar nicht erst bekommen.

raussetzung ist wie bei der Altersrente auch, dass Sie den Antrag bei der Rentenversicherung stellen. Damit Sie pünktlich an Ihr Geld kommen, sollten Sie die befristete Rente spätestens im siebten Monat beantragen, die unbefristete Rente spätestens drei Monate nach Beginn der Erwerbsminderung.

Nach dem Antrag startet die Rentenversicherung das Prüfverfahren. Sie holt unter anderem Unterlagen zum Gesundheitszustand ein und ordnet auch eigene ärztliche Untersuchungen an. Finanziell abgesichert sind viele in den sechs Monaten bis Rentenbeginn zum Beispiel über das Krankengeld der gesetzlichen Krankenkasse. Fehlt ein solcher Anspruch, ist der Antrag auf Hartz-IV-Leistungen ein möglicher Ausweg.

Hohe Hürden für Rentenanspruch

Bei der Absicherung für den Fall, dass Sie aus gesundheitlichen Gründen nicht mehr arbeiten können, hat es 2001 eine entscheidende Gesetzesreform gegeben: Damals sind die heutigen Renten wegen voller oder teilweiser Erwerbsminderung an die Stelle der vormaligen gesetzlichen Renten wegen Erwerbs- und Berufsunfähigkeit getreten.

Diese Änderung führte vor allem für jüngere Erwerbstätige dazu, dass die Hürden für den Bezug einer Rente deutlich angehoben wurden. Davon ist betroffen, wer nach dem 1. Januar 1961 geboren wurde. Wer bis zu diesem Termin geboren wurde oder zum Zeitpunkt der Gesetzesänderung bereits eine Rente bezogen hat, ist klar im Vorteil:

HÄTTEN SIE'S GEWUSST?

Der häufigste Grund für die Bewilligung einer Erwerbsminderungsrente sind psychische Erkrankungen. Im Jahr 2019 waren sie bei 35,3 Prozent der Männer und sogar bei 47,8 Prozent der Frauen ausschlaggebend für die Bewilligung der Rente.

Bei den Frauen folgten mit deutlichem Abstand Neubildungen als Grund, etwa eine Krebserkrankung, sowie Erkrankungen von Skelett, Muskeln und Bindegewebe.

Bei den Männern waren Neubildungen und Krankheiten des Kreislaufsystems die zweit- und dritthäufigste Ursache für die Rente.

Quelle: Deutsche Rentenversicherung

Die Altersgrenzen der Erwerbsminderungsrente

Junge Erwerbsminderungsrentner müssen Abschläge bei den Leistungen hinnehmen. Beispielsweise gilt für 2021: Wer bei Rentenbeginn noch keine 64 Jahre und sechs Monate alt ist, muss grundsätzlich mit einem Minus rechnen.

Zeitpunkt des Rentenbeginns	Erwerbsminderungsrente ohne Abschlag bei Zahlungsbeginn im Alter von	Zeitpunkt des Rentenbeginns	Erwerbsminderungsrente ohne Abschlag bei Zahlungsbeginn im Alter von
bis Ende 2011	63 Jahren	2016	63 Jahren und 10 Monaten
Januar 2012	63 Jahren und 1 Monat	2017	63 Jahren und 11 Monaten
Februar 2012	63 Jahren und 2 Monaten	2018	64 Jahren
März 2012	63 Jahren und 3 Monaten	2019	64 Jahren und 2 Monaten
April 2012	63 Jahren und 4 Monaten	2020	64 Jahren und 4 Monaten
Mai 2012	63 Jahren und 5 Monaten	2021	64 Jahren und 6 Monaten
Juni–Dez. 2012	63 Jahren und 6 Monaten	2022	64 Jahren und 8 Monaten
2013	63 Jahren und 7 Monaten	2023	64 Jahren und 10 Monaten
2014	63 Jahren und 8 Monaten	ab 2024	65 Jahren
2015	63 Jahren und 9 Monaten		

Quelle: Deutsche Rentenversicherung

- **Sie hatten am 31. Dezember 2000** bereits Anspruch auf eine Rente wegen Berufs- oder Erwerbsunfähigkeit, und diese Rente wird seit dem 30. Juni 2017 weiterhin gezahlt? Dann hat sich durch die damalige Gesetzesreform nichts für Sie geändert.
- **Sie sind bis zum 1. Januar 1961 geboren:** Wenn Sie nicht mehr in der Lage sind, sechs Stunden täglich in Ihrem Hauptberuf oder in einem zumutbaren vergleichbaren Beruf zu arbeiten, haben Sie einen Rentenanspruch. Sind Sie beispielsweise Tischler und können diesen

Beruf wegen Rückenbeschwerden nicht mehr ausüben? Dann haben Sie Anspruch auf die Berufsunfähigkeitsrente – selbst wenn Sie als Büroangestellter in der Schreinerei oder als Pförtner noch einsatzfähig wären. Es reicht bereits, dass die Fähigkeiten für den erlernten oder einen mehr als zehn Jahre ausgeübten Beruf eingeschränkt sind.

- **Sie sind am 2. Januar 1961 oder später geboren:** Sie haben keinen Anspruch auf eine gesetzliche Rente wegen Berufsunfähigkeit, nur auf eine Rente wegen Erwerbsminderung. Mit anderen Worten: Ein Tischler, der nicht mehr handwerklich tätig sein kann, könnte vielleicht Büroarbeiten übernehmen. Erst wenn ihn auch solche Alternativen gesundheitlich überfordern, ist der Anspruch auf eine Erwerbsminderungsrente möglich. Eine Rente wegen voller Erwerbsminderung erhalten Sie aber erst, wenn Sie gesundheitlich nicht mehr für mindestens drei Stunden pro Tag in irgendeiner Form erwerbstätig sein können. Eine Rente wegen teilweiser Erwerbsminderung kann fließen, wenn Sie zwar mehr als drei, aber keine sechs Stunden täglich arbeiten können. Ihre Rente ist aber nur halb so hoch wie bei voller Erwerbsminderung. Es sei denn, Sie finden keine Stelle im Umfang von drei bis sechs Stunden . Dann können Sie zumindest befristet doch die volle Rente erhalten.

Strenge Vorgaben für alle

Für die Renten wegen Berufsunfähigkeit oder verminderter Erwerbsfähigkeit galt bis Ende 2011 eine Altersgrenze von 63 Jahren. Wer bei Auszahlung der Rente jünger war, musste Abschläge hinnehmen – 0,3 Prozent für jeden Monat, maximal 10,8 Prozent. Seit Anfang 2012 steigt auch für diese Renten die Altersgrenze stufenweise an: Bis zum Jahr 2024 wird sie auf 65 Jahre angehoben.

> **Gerade für junge Angestellte kann es schwer werden, die Vorgaben für die Rente zu erfüllen.**

Damit aber nicht genug an Vorgaben für den Bezug der gesetzlichen Erwerbsminderungsrente: Als weitere Voraussetzung gilt, dass der Versicherte im Regelfall in den fünf Jahren vor Eintritt des Ernstfalls mindestens drei Jahre Pflichtbeiträge an die gesetzliche Rentenversicherung geleistet haben muss.

Das kann zum Beispiel für junge Angestellte zu einem Problem werden: Wenn etwa ein Berufseinsteiger schon nach wenigen Monaten in seinem ersten Job so schwer erkrankt, dass er nicht mehr arbeiten kann, hätte er keinen Anspruch auf Leistungen aus der gesetzlichen Rentenversicherung. Warum? Weil er die geforderte Wartezeit von fünf Jahren inklusive der drei Jahre Pflichtbeiträge nicht erfüllt. Nur unter bestimmten Bedingungen gibt es die Möglichkeit einer vorzeitigen Wartezeiterfüllung – zum Beispiel nach einem Arbeitsunfall.

Um die Voraussetzung der drei Pflichtbeitragsjahre zu erfüllen, bekommen auch Lebensphasen eine besondere Bedeutung, in denen Sie selbst keine Beiträge an die Rentenkasse zahlen. Melden Sie sich zum Beispiel unbedingt arbeitslos, auch wenn Sie keinen Anspruch auf finanzielle Unterstützung durch die Arbeitsagentur haben und Ihnen andere Leistungen wie Hartz IV etwa aufgrund der Höhe des Einkommens Ihres Partners nicht zustehen.

Als eigener Chef besonders gefordert

Auch für viele Selbstständige können die Voraussetzungen für den Rentenanspruch zum Hindernis werden: Wenn Sie nicht versicherungspflichtig sind und keine Pflichtbeiträge an die Rentenversicherung zahlen, verlieren Sie mit der Zeit den Anspruch auf die Erwerbsminderungsrente. Das ist kein schwerwiegendes Problem, wenn Sie mit einer privaten Versicherung zum Schutz vor Berufs- oder Erwerbsunfähigkeit vorgesorgt haben. Doch wenn privater Schutz fehlt, sollten Sie prüfen lassen, wie Sie zumindest die gesetzliche Absicherung behalten, damit Sie im Fall einer schweren Erkrankung eine regelmäßige Einnahme haben.

Eine Möglichkeit, den Rentenanspruch zu sichern, wäre, einen Antrag auf Pflichtmitgliedschaft zu stellen. Dann sind Sie pflichtversichert in der gesetzlichen Rentenversicherung. Durch diesen Schritt haben Sie, wenn nötig, einen Rentenanspruch, müssen allerdings auch den vollen Beitragssatz zahlen. Und: Wenn Sie als Selbstständiger einmal den Antrag auf Pflichtmitgliedschaft gestellt haben, gibt es kein Zurück mehr. Die Pflichtmitgliedschaft gilt so lange, wie der Versicherte diese selbstständige Tätigkeit ausübt.

→ Ältere Selbstständige im Vorteil

Wenn Sie schon älter sind, können Sie es unter Umständen ohne Antrag auf Pflichtmitgliedschaft schaffen, Ihren vollen Schutz für den Fall einer Erwerbsminderung aufrechtzuerhalten. Eventuell reicht es, jeden Monat einen – deutlich niedrigeren – freiwilligen Beitrag an die Rentenkasse zu zahlen. Voraussetzungen: Sie hatten bereits vor dem 1. Januar 1984 die geforderte Wartezeit von mindestens fünf Jahren in der gesetzlichen Rentenversicherung erfüllt. Und Sie können seit Anfang 1984 jeden Monat mit rentenrechtlichen Zeiten belegen. Kommt das für Sie infrage? Wenn Sie unsicher sind und keinen privaten Schutz für den Fall der Erwerbsminderung oder Berufsunfähigkeit haben, lassen Sie sich von der gesetzlichen Rentenversicherung beraten.

Für den Ernstfall: Renten zur Absicherung Hinterbliebener

Die Witwen- und Waisenrenten aus der gesetzlichen Rentenkasse können helfen, finanzielle Lücken zu schließen. Eine mögliche Alternative für Ehepartner: das Rentensplitting.

Die dritte wichtige Leistung der gesetzlichen Rentenversicherung ist die Absicherung von Hinterbliebenen. Stirbt der oder die Versicherte, kann der Witwer, die Witwe oder ein eingetragener Lebenspartner eine Rente bekommen. Der Einfachheit halber sprechen wir im Laufe des Textes von „Ehepartnern" und von der „Witwenrente". Auch Kinder stehen beim Tod ihrer Eltern nicht mit ganz leeren Händen da.

Das Besondere an der Witwen- und Waisenrente im Vergleich zur Alters- und Erwerbsminderungsrente: Ihre Höhe hängt nicht davon ab, welche Ansprüche der Empfänger der Leistungen erwirtschaftet hat, sondern von den Rentenansprüchen des Verstorbenen. Von diesen wird die Höhe der Hinterbliebenenrente abgeleitet.

Sie liegt für Kinder bei 10 oder 20 Prozent, für Ehepartner zwischen 25 und 60 Prozent des Rentenanspruchs des Verstorbenen. War der Verstorbene jedoch noch keine 63 Jahre alt, werden vor der Auszahlung der Witwen- oder Waisenrente noch 0,3 Prozent pro Monat des vorzeitigen Rentenbeginns abgezogen – allerdings höchstens 10,8 Prozent.

Damit Ehepartner oder Kinder überhaupt eine Hinterbliebenenrente erhalten können, muss der Verstorbene im Normalfall bereits eine Wartezeit von fünf Jahren auf seinem Rentenkonto haben. Es sind je-

Damit der Partner Anspruch auf eine Witwenrente hat, muss die Ehe im Regelfall mindestens ein Jahr vor dem Tod des Versicherten geschlossen worden sein. Abweichungen sind möglich, zum Beispiel, wenn der Versicherte durch einen Unfall verstorben ist – der Tod also nicht vorhersehbar war. Wenn die Rentenversicherung eine Witwenrente ablehnt, sollten Sie sich Rat holen, etwa bei einem Fachanwalt für Sozialrecht.

doch Ausnahmen möglich: Führte etwa ein Arbeitsunfall zum Tod, haben die Angehörigen auch dann einen Rentenanspruch, wenn der Verstorbene erst einen einzigen Beitragsmonat in der Rentenversicherung vorweisen konnte.

Die Witwen- und Witwerrente

Basis für die Berechnung der Witwenrente ist der Rentenanspruch, den der Verstorbene hatte. Bezog er bereits eine eigene Rente, wird die Höhe der Witwenrente von diesem Anspruch abgeleitet. Bekam er noch keine eigene Rente, werden die bisher erworbenen Entgeltpunkte noch um die Zurechnungszeit aufgestockt.

Lange Zeit wurde so aufgestockt, als hätte er bis zum 60. oder später bis zum 62. Geburtstag weiter verdient, mittlerweile wird die Grenze stufenweise auf bis zu 67 Jahre angehoben (siehe auch „Wenn gesundheitliche Probleme Arbeit verhindern", S. 37).

In den ersten drei Monaten nach dem Monat, in dem der Versicherte gestorben ist, erhalten Hinterbliebene grundsätzlich 100 Prozent der Rente, auf die der Verstorbene bis zu dem Zeitpunkt Anspruch hatte. In diesem „Sterbevierteljahr" spielt es auch keine Rolle, ob und in welcher Höhe der Hinterbliebene eigene Rentenansprüche oder eigenes Einkommen hat. Das Einkommen wird in dieser ersten Zeit nach dem Tod des Partners noch nicht auf die Hinterbliebenenrente angerechnet. Das ändert sich erst nach Ablauf des Sterbevierteljahrs.

Für die Rentenhöhe spielen aber neben der Höhe des eigenen Einkommens noch weitere Faktoren eine Rolle. Die erste entscheidende Frage ist: Hat der hinterbliebene Partner Anspruch auf die große oder auf die kleine Witwenrente?

Anspruch auf die große Witwenrente haben Sie,

- wenn Sie in dem Jahr, in dem Ihr Ehepartner stirbt, eine bestimmte Altersgrenze (siehe Tabelle auf S. 45) bereits erreicht haben, also mindestens zwischen 45 und 47 Jahre alt sind, oder
- wenn Sie erwerbsgemindert oder nach dem bis Ende 2000 geltenden Recht berufs- oder erwerbsunfähig sind, oder
- solange Sie ein eigenes Kind oder ein Kind des verstorbenen Ehepartners erziehen, das noch keine 18 Jahre alt ist. Kümmern Sie sich um ein behindertes Kind, spielt das Alter für die Zuordnung keine Rolle.

Erfüllen Sie eine der Voraussetzungen, stehen Ihnen als Witwe oder Witwer 55 oder 60 Prozent der Rente zu, auf die Ihr verstorbener Partner Anspruch gehabt hätte oder die er bereits bezogen hat.

Der Unterschied – 55 oder 60 Prozent – rührt daher, dass es Anfang 2002 eine Gesetzesreform bei der Hinterbliebenenversorgung gab. Wer unter das alte Recht fällt, hat Anspruch auf 60 Prozent, wer unter das neue fällt, nur noch auf 55 Prozent der Rentenansprüche des Partners.

Die Altersgrenzen für die „große Witwenrente"

Bis Ende 2011 konnten Hinterbliebene die „große Witwenrente" bekommen, wenn sie beim Tod des Ehepartners mindestens 45 Jahre alt waren. Seit 2012 steigt diese Grenze stufenweise auf 47 Jahre an, 2021 liegt sie bei 45 Jahren und zehn Monaten.

Todesjahr des Versicherten	Neue Altersgrenze	Todesjahr des Versicherten	Neue Altersgrenze
2012	45 Jahre und 1 Monat	2021	45 Jahre und 10 Monate
2013	45 Jahre und 2 Monate	2022	45 Jahre und 11 Monate
2014	45 Jahre und 3 Monate	2023	46 Jahre
2015	45 Jahre und 4 Monate	2024	46 Jahre und 2 Monate
2016	45 Jahre und 5 Monate	2025	46 Jahre und 4 Monate
2017	45 Jahre und 6 Monate	2026	46 Jahre und 6 Monate
2018	45 Jahre und 7 Monate	2027	46 Jahre und 8 Monate
2019	45 Jahre und 8 Monate	2028	46 Jahre und 10 Monate
2020	45 Jahre und 9 Monate	ab 2029	47 Jahre

Quelle: Deutsche Rentenversicherung

Doch für wen gilt das alte Recht weiter? Es gilt für Hinterbliebene,

- wenn der Ehepartner bereits vor dem 1. Januar 2002 gestorben ist, oder
- wenn der Ehepartner zwar nach dem 31. Dezember 2001 gestorben ist, sie aber vor dem 1. Januar 2002 geheiratet haben und einer der beiden Ehepartner vor dem 2. Januar 1962 geboren ist.

Beispiel: Christin wurde am 31. Oktober 1960 geboren. Sie hat ihren Mann Frank am 10. September 1996 geheiratet. Frank ist im Frühling 2020 bei einem Unfall ums Leben gekommen. Auch wenn Franks Tod noch nicht allzu lange zurückliegt, fällt Christin noch unter das alte Recht. Als große Witwenrente stehen ihr 60 Prozent von Franks bisher erworbenen Rentenansprüchen zu.

Gilt für Sie als Witwe hingegen das neue Recht, zum Beispiel, weil Sie und Ihr verstorbener Partner erst im Jahr 2009 geheiratet haben, liegt der Anspruch auf die große Witwenrente bei 55 Prozent. Wenn Sie aber Kinder unter drei Jahren erziehen, erhalten Sie zusätzlich noch einen Kinderzuschlag. Diesen gibt es für die Hinterbliebenen nach altem Recht nicht.

Kürzungen je nach Einkommen

Die große Witwenrente wird unbefristet bezahlt – egal, ob das alte oder das neue Recht gilt. Allerdings müssen Sie hinnehmen, dass eigene Renten und Einkommen auf die Hinterbliebenenrente angerechnet werden – zwar nicht komplett, doch je nachdem, wie viel Rente Sie im Ruhestand selbst beziehen oder wie viel Sie jeden Monat verdienen, kann es sein, dass die Hinterbliebenenrente gekürzt wird.

So wird zum Beispiel Ihr Gehalt aus einer angestellten Beschäftigung nach Abzug eines Freibetrags zu 40 Prozent angerechnet. Der Freibetrag liegt Anfang 2021 bei 902,62 Euro in Westdeutschland und bei 877,27 Euro in Ostdeutschland. Ein ausführliches Beispiel zur Ermittlung der Rentenhöhe finden Sie im Kapitel „Rente plus Job" ab S. 141.

Doch nicht nur Gehalt wird angerechnet, sondern auch andere Posten wie eine eigene Rente, Arbeitslosengeld I und Elterngeld können sich auf die Rentenhöhe auswirken. Was berücksichtigt wird, hängt wiederum davon ab, ob Sie unter das alte oder unter das neue Recht fallen. Nach altem Recht werden zum Beispiel Betriebsrenten, Kapital- und Mieteinkünfte nicht angerechnet, nach neuem Recht schon. Andere Posten wie Arbeitslosengeld II, Sozialhilfe oder Wohngeld sind aber immer außen vor.

Die kleine Witwenrente

Die kleine Witwenrente fällt mit 25 Prozent abgeleitetem Rentenanspruch viel niedriger aus als die große. Die kleine Rente erhalten hinterbliebene Ehepartner, wenn sie

- die Altersgrenze für die große Witwenrente nicht erreichen,
- nicht erwerbsgemindert sind und
- kein Kind erziehen.

Auch auf die kleine Witwenrente wird eigenes Einkommen angerechnet. Doch ohne eigenes Einkommen oder andere finanzielle Sicherheiten wie etwa eine Risikolebensversicherung wird sie nicht für den Lebensunterhalt reichen. Nach Ablauf des Sterbevierteljahrs, in dem Sie die volle Rente Ihres Partners erhalten, bleibt oft nicht viel übrig:

Beispiel: Simone ist 39 Jahre alt. Ihr Mann ist 2020 mit 47 Jahren gestorben. Der Rentenversicherungsträger ermittelt inklusive der Zurechnungszeit einen Rentenanspruch von 1200 Euro für ihren Mann. Da er jedoch in so jungem Alter gestorben ist, werden davon 10,8 Prozent abgezogen.

Aus den verbleibenden 1 070,40 Euro wird der Rentenanspruch abgeleitet. Simones Rentenanspruch beträgt 267,60 Euro

(25 Prozent von 1 070,40 Euro), wenn sie keine Kinder hat und nicht erwerbsgemindert ist. Je nachdem, ob und wie viel sie selbst verdient, kann es sein, dass ihr von dieser Rente noch etwas weniger bleibt.

Die kleine Witwenrente wird inklusive der drei Monate des Sterbevierteljahrs für maximal 24 Monate gezahlt, wenn das neue Rentenrecht gilt. Fallen Sie, beispielsweise weil der Termin Ihrer Hochzeit schon länger zurückliegt, noch unter das alte Recht, haben Sie den Vorteil, dass Sie auch die kleine Witwenrente unbefristet erhalten. Wenn Sie wegen Ihres Alters zunächst nur Anspruch auf die kleine Witwenrente haben, im Laufe der Rentenzeit aber die Altersgrenze für die große Witwenrente erreichen (siehe Tabelle auf S. 45), können Sie diese noch nachträglich bekommen.

Dafür müssen Sie bei der Deutschen Rentenversicherung den Antrag auf die große Witwenrente stellen. Die Zahlung wird nicht automatisch umgestellt.

Besonderheiten bei der Hinterbliebenenversorgung

Im Vergleich zu den Alters- und Erwerbsminderungsrenten gibt es bei der Hinterbliebenenversorgung noch einige weitere Besonderheiten zu beachten.

- **Scheidung:** Selbst wenn Sie von Ihrem Ex-Partner geschieden sind, können Sie eventuell Anspruch auf eine Hinterbliebenenrente haben. Eine Voraussetzung ist, dass die Ehe vor dem 1. Juli 1977 geschieden wurde. Ist das bei Ihnen der Fall, erkundigen Sie sich bei der Deutschen Rentenversicherung nach möglichen Ansprüchen.
- **Neue Hochzeit:** Wenn Sie nach dem Tod Ihres Partners erneut heiraten, endet der Anspruch auf Witwenrente. Sie können jedoch einmalig eine Abfindung auf die Rentenansprüche bekommen. Als Abfindung gibt es das 24-Fache der Witwenrente, die Sie im vorhergehenden Jahr durchschnittlich jeden Monat erhalten haben. Wenn auch die erneute Ehe zum Beispiel nach dem Tod des zweiten Partners endet, können Sie wiederum Anspruch auf die „Witwenrente nach dem vorletzten Partner" haben. Auch in dieser Situation sollten Sie sich nach Möglichkeit den Rat eines Experten einholen.
- **Mehrere Ehen:** War der verstorbene Partner mehrmals verheiratet, können auch die anderen Ehepartner Anspruch auf eine Hinterbliebenenversorgung haben. Die Rente wird in so einem Fall unter allen Anspruchsberechtigten aufgeteilt. Sie erhalten somit lediglich einen Anteil, der auf Grundlage der Dauer Ihrer Ehe ermittelt wird.
- **Vorschuss:** Hat Ihr verstorbener Partner bereits seine Alters- oder Erwerbsminderungsrente bezogen, können Sie innerhalb von 30 Tagen nach seinem Tod einen Vorschuss auf die Witwenrente beantragen. Diesen Antrag stellen Sie

beim Rentenservice der Post: deutschepost.de/rentenservice, Tel. 0221 5692444). Als Vorschuss erhalten Sie das Dreifache der für den Sterbemonat gezahlten Rente. Er wird auf spätere Leistungen des Rentenversicherers angerechnet.

Rentensplitting – eine mögliche Alternative?

Die Sicherheit „Witwenrente" klingt erst einmal gut, doch eventuell wird nicht viel davon übrig bleiben, sobald Sie selbst wieder arbeiten und eigenes Einkommen erzielen. In dem Fall kann das Rentensplitting eine Alternative für die hinterbliebene Person sein. Rentensplitting bedeutet, dass Ihrem Rentenkonto ein Teil der von Ihrem Partner im Lauf der Ehe erworbenen Entgeltpunkte gutgeschrieben wird. Entscheiden Sie sich für das Verfahren, haben Sie danach automatisch keinen Anspruch mehr auf die Witwenrente.

Normalerweise müssen beide Partner eine gemeinsame Erklärung abgeben, um das Rentensplitting – also die Aufteilung der in der Ehe erworbenen Entgeltpunkte – herbeizuführen. Diese Erklärung kann das Paar in der Regel erst abgeben, wenn beide Partner Anspruch auf eine Vollrente wegen Alters haben, also unter anderem die geforderte Wartezeit erfüllen und das Rentenalter erreicht haben.

Hat nur ein Partner Anspruch auf eine Vollrente wegen Alters, muss der andere zumindest die Altersgrenze für die Regelaltersrente erreicht haben. Außerdem müssen beide Partner zum Zeitpunkt der Erklärung 25 Jahre an rentenrechtlichen Zeiten auf ihrem Versicherungskonto haben.

Stirbt ein Partner früher, kann der Hinterbliebene versuchen, das Rentensplitting allein herbeizuführen, wenn bisher die Voraussetzungen für das Splitting noch nicht bestanden haben. Somit können also auch jüngere Versicherte von dieser Aufteilung der Ansprüche profitieren.

Das Rentensplitting können Sie beim Rentenversicherer beantragen,

- wenn die Ehe erst nach dem 31. Dezember 2001 begonnen hat, oder
- bei früherer Trauung, wenn beide Partner nach dem 1. Januar 1962 geboren sind.

Wenn eine junge Witwe eine dieser Voraussetzungen erfüllt, steht sie vor einer weiteren Hürde: Sie muss mindestens 25 Jahre an rentenrechtlichen Zeiten vorweisen. Das scheint auf den ersten Blick zum Beispiel für eine Frau im Alter von Ende 30 aussichtslos. Dennoch sollte sie sich auf jeden Fall an den Rentenversicherer wenden, um die Möglichkeit genau prüfen zu lassen. Denn es werden zusätzliche Zeiten berücksichtigt, sodass es mit dem Splitting eventuell doch noch klappen kann. Die zugrunde liegenden Regelungen und Rechenschritte sind sehr komplex, und häufig entscheidet der Einzelfall.

Entscheidung fürs Splitting gut überlegen

Zeigt sich am Ende dieses Prüfverfahrens, dass das Rentensplitting möglich ist, stellt sich die Frage: Was ist auf Dauer günstiger – die Witwenrente oder das Rentensplitting und damit die Sicherheit, im Alter die Hälfte der von Ihrem Partner in der Ehe erworbenen Entgeltpunkte zu bekommen?

Diese Entscheidung kann je nach individueller Situation unterschiedlich ausfallen: Wenn Sie als Witwe berufstätig sind, müssen Sie häufig hinnehmen, dass die Witwenrente gekürzt wird, weil Ihr Einkommen auf die Hinterbliebenenrente angerechnet wird. Deshalb kann das Rentensplitting auf Dauer günstiger sein.

Andererseits: Vom Rentensplitting profitieren Sie erst, sobald Sie selbst Anspruch auf eine Rente haben. Dagegen hilft die Witwenrente direkt für den Lebensunterhalt – etwa wenn sich abzeichnet, dass Sie nach dem Tod des Partners erst einmal längere Zeit zu Hause bleiben, also kein eigenes Einkommen erzielen werden.

Von großer Bedeutung ist die Entscheidung außerdem, wenn nicht nur Sie betroffen sind, sondern auch Ihre Kinder. Verzichten Sie als überlebender Partner mit Kindern zugunsten des Rentensplittings auf die Witwenrente, können Sie eine Erziehungsrente (siehe „Erziehungsrente – eine Chance für Geschiedene“, S. 51) bekommen, bis der Nachwuchs volljährig ist. Dadurch kann das Rentensplitting noch attraktiver werden, denn die Erziehungsrente wird auf Basis Ihrer eigenen Rentenansprüche ermittelt – und wenn Sie durch das Rentensplitting zusätzliche Punkte für Ihr Rentenkonto erhalten, fällt sie entsprechend höher aus.

Allerdings wird auch auf die Erziehungsrente eigenes Einkommen angerechnet. Es bleibt also ein kniffeliges Rechenspiel, für das Sie sich Zeit nehmen sollten.

Meine Rente – mein Plan

Nehmen Sie sich Zeit für die Entscheidung, ob eine Witwenrente oder das Rentensplitting für Sie sinnvoller ist. Wenn Sie Kinder haben, lassen Sie sich von der Rentenkasse ausrechnen, wie hoch eine Erziehungsrente wäre, und überlegen Sie mithilfe eines Rentenexperten, was günstiger ist. Sie müssen sich nicht sofort festlegen: Damit keine finanziellen Lücken entstehen, können Sie zunächst eine Witwenrente in Anspruch nehmen und dann überlegen, ob Sie doch ein Rentensplitting beantragen. Den Antrag müssen Sie innerhalb von zwölf Monaten nach dem Tod Ihres Partners stellen. Mit dem Monat, in dem die Entscheidung über das Rentensplitting verbindlich wird, entfällt Ihr Anspruch auf eine Witwenrente.

Waisenrente: Wenn den Eltern etwas zustößt

Eine grundlegende Absicherung sollen auch Kinder haben, für den Fall, dass sie einen Elternteil oder sogar beide Eltern verlieren. Die Vollwaisen- oder Halbwaisenrente gibt es für

- leibliche oder adoptierte Kinder,
- Stief- und Pflegekinder, die im Haushalt des Verstorbenen gelebt haben, sowie für
- Enkel und Geschwister des Verstorbenen, die in dessen Haushalt lebten und von ihm überwiegend finanziell unterhalten wurden.

Auch wenn die Eltern geschieden oder nicht verheiratet waren, haben die Kinder Anspruch auf Waisenrente. Waisen- oder Halbwaisenrenten werden grundsätzlich bis zum 18. Geburtstag gezahlt. Befinden sich die Kinder noch in der Ausbildung, kann die Rente auch bis zum 27. Lebensjahr fließen.

Das gilt ebenfalls, wenn sie bis zu dieser Altersgrenze ein freiwilliges soziales oder ökologisches Jahr absolvieren oder eine Stelle im Bundesfreiwilligendienst übernommen haben. Auch für behinderte Kinder, die nicht für sich allein sorgen können, gilt der 27. Geburtstag als Grenze.

Doch was, wenn es nicht gleich mit dem nächsten Ausbildungsschritt klappt? Dauert etwa die Übergangsphase zwischen Abitur und Studienbeginn länger als einige Monate, kann der Anspruch auf die Waisenrente für diese Zeit entfallen. In längeren Übergangsphasen sollten Sie nachweisen können, dass Sie sich zum Beispiel um einen Ausbildungs- oder Studienplatz bemühen. Bekommen Sie vorübergehend keine Rente, finden dann aber doch den erhofften Platz, können Sie erneut einen Antrag auf Waisenrente stellen – vorausgesetzt, Sie sind noch keine 27 Jahre alt.

Welche Rentenansprüche hatten Vater oder Mutter?

Die Höhe der Waisenrente hängt davon ab, welchen Rentenanspruch der verstorbene Vater oder die verstorbene Mutter bis zum Tod erreicht hat oder welche Rente der Elternteil bereits ausgezahlt bekommen hat. Als Halbwaisen erhalten die Kinder 10 Prozent der Versichertenrente plus einen individuell zu ermittelnden Waisenrentenzuschlag.

Anders als bei der Witwenrente wird bei der Waisenrente eigenes Einkommen nicht auf die Rentenhöhe angerechnet.

Um die konkrete Höhe der Vollwaisenrente zu ermitteln, prüft der Rentenversicherer zunächst, ob der Vater oder die Mutter den bislang höchsten Rentenanspruch erworben hatte. Wenn es der Vater war, werden von dessen Leistungsansprüchen 20 Prozent als Vollwaisenrente plus Waisenrentenzuschlag ausgezahlt. War es die Mutter, wird die Rente anhand ihrer Leistungsansprüche ermittelt. Entscheidend ist, dass die Eltern die Voraussetzungen für eine Rente – also im Regelfall mindestens fünf Jahre Wartezeit – erfüllt hatten. Sind sie in jüngeren Jahren gestorben, wird die Hinterbliebenenrente mithilfe der Zurechnungszeit etwas aufgewertet (siehe „Wenn gesundheitliche Probleme Arbeit verhindern", S. 37).

Je nach Familienkonstellation kann es sein, dass zum Beispiel auch der Rentenanspruch von Großvater oder Großmutter zugrunde gelegt wird, wenn sie die Kinder mit den Eltern oder anstelle der Eltern erzogen haben.

Allerdings müssen auch die Kinder eines Verstorbenen genau wie Witwen oder Witwer einplanen, dass die Leistung aus der gesetzlichen Versicherung um den Rentenabschlag gekürzt wird, wenn Vater oder Mutter vor dem eigentlichen Rentenalter gestorben sind: Bis zu 10,8 Prozent werden von den eigentlichen Rentenansprüchen abgezogen.

Beispiel: Der Vater der 15-jährigen Annemarie ist mit 52 Jahren gestorben. Der Rentenversicherer ermittelt inklusive der Zurechnungszeit einen Rentenanspruch des Mannes in Höhe von 940 Euro monatlich. Von diesem Wert zieht er 10,8 Prozent ab. Übrig bleiben 838,48 Euro. Der Rentenanspruch der hinterbliebenen Tochter liegt bei 10 Prozent davon. Das sind 83,85 Euro im Monat. Dazu kommt ein Waisenrentenzuschlag, dessen Höhe je nach Einzelfall ermittelt wird.

Anders als bei der Witwenrente wird bei der Waisenrente aber eigenes Einkommen nicht auf die Rentenhöhe angerechnet.

Erziehungsrente – eine Chance für Geschiedene

Eine weitere Leistung für Hinterbliebene ist nach Angaben der Deutschen Rentenversicherung vielen Versicherten wenig bekannt: die Erziehungsrente. Die Rente fließt an geschiedene Ehepartner, wenn sie ein Kind erziehen und keine erneute Ehe oder eingetragene Lebenspartnerschaft eingegangen sind. Voraussetzung für die Rente ist grundsätzlich, dass die Kinder noch keine 18 Jahre alt sind. Für behinderte Kinder gibt es keine Altersgrenze.

Die Erziehungsrente ist eine Art Ersatz für den Unterhalt des Ex-Partners. Sie soll Geschiedenen ermöglichen, sich nach dem Tod des früheren Partners verstärkt um die Erziehung der Kinder zu kümmern. Sie dürfen trotzdem weiterhin arbeiten, müssen aber je nach Einkommen mit Kürzungen der Erziehungsrente rechnen. Für die Anrechnung von eigenem Einkommen gelten die Freibeträge, die auch für die Witwenrente gelten.

Anders als die Witwen- und die Waisenrente wird die Erziehungsrente nicht aus dem Rentenanspruch des Verstorbenen abgeleitet: Die Höhe der Leistung ergibt sich aus den eigenen bisher gesammelten Rentenansprüchen.

Deshalb gilt zum Beispiel auch: Stirbt der Ex-Mann, muss die geschiedene Frau einen eigenen Rentenanspruch haben, wenn sie eine Erziehungsrente für die gemeinsamen Kinder bekommen will. Sie muss bis zum Tod ihres Ex-Partners die allgemeine Wartezeit von fünf Jahren erfüllt haben. Die Erziehungsrente für die Frau ist so hoch, wie ihre Rente wegen voller Erwerbsminderung ausfallen würde. Für die Höhe der Erziehungsrente ist es unerheblich, ob ein Kind zur Familie gehört oder mehrere Kinder.

Rehabilitation: Zurück in den Job nach schwerer Krankheit

Bei den Leistungen der Rentenkasse gilt: Reha vor Rente. Die Versicherer übernehmen einiges, um die Wiedereingliederung in den Job zu ermöglichen.

Wenn gesundheitliche Probleme Arbeiten unmöglich machen, liegt der erste Gedanke an eine Erwerbsminderungsrente nahe. Doch so schnell geht es nicht: In der gesetzlichen Rentenversicherung gilt die Vorgabe „Reha vor Rente". Das bedeutet: Ehe der Versicherungsträger eine Rente wegen Erwerbsminderung zahlt, prüft er, ob mithilfe einer Rehabilitationsmaßnahme die Erwerbsfähigkeit wiederhergestellt oder verbessert werden kann.

Ist etwa nach einer schweren Erkrankung eine medizinische Rehabilitation in einer Kurklinik ratsam, übernimmt er die Kosten dafür im Regelfall für drei Wochen, eine Verlängerung ist möglich. Wenn nötig, kommt er aber auch für andere Ausgaben auf, etwa für Umschulungsmaßnahmen, die nach einer Erkrankung notwendig sind, oder für ergänzende Ausgaben wie Reisekosten oder für eine Haushaltshilfe.

Anspruch auf Leistungen zur Rehabilitation haben Sie, wenn Sie eine Wartezeit von mindestens 15 Jahren in der Rentenversicherung nachweisen können. Es ist nicht notwendig, dass Sie in diesen 15 Jahren selbst Pflichtbeiträge gezahlt haben. Auch Zeiten mit freiwilligen Beiträgen zählen mit. Somit können zum Beispiel auch Selbstständige, die nicht oder nicht mehr pflichtversichert sind, aber freiwillig an die Rentenkasse zahlen, einen Leistungsanspruch erwerben. Zeiten, in denen Sie Arbeitslosengeld I erhalten, zählen ebenso mit wie Kindererziehungszeiten.

Lehnt der Rentenversicherer Ihren Antrag auf Reha ab, haben Sie einen Monat Zeit, um dagegen Widerspruch einzulegen.

Erreichen Versicherte diese 15 Jahre trotzdem nicht, können sie eventuell dennoch Leistungen zur medizinischen Rehabilitation bekommen, zum Beispiel, wenn die Reha innerhalb von zwei Jahren nach Beendigung einer Berufsausbildung notwendig wird. Voraussetzung ist dann aber, dass der Betroffene nach Ende der Ausbildung bis zum Antrag auf die Reha-Leistung pflichtversichert war.

Erkranken Sie als Arbeitnehmer schwer und halten Ihre Ärzte eine Rehabilitationsmaßnahme für notwendig, können Sie den Antrag auf Reha-Leistungen beim Rentenversicherer stellen. Anhand der medizinischen Gutachten prüft dieser dann, ob die Maßnahme angebracht ist und wo und in welcher Form sie am besten möglich ist.

Bevor Sie die Reha antreten können, erhalten Sie einen Bescheid über ihre Bewilligung. Lehnt der Rentenversicherer Ihren Antrag ab, haben Sie einen Monat Zeit, um dagegen Widerspruch einzulegen.

Sie schrecken vor dem Widerspruch zurück? Wenn Sie den Schritt nicht allein gehen wollen, überlegen Sie, ob etwa die Mitgliedschaft in einem Sozialverband wie dem VdK oder dem SoVD infrage kommt. Als Mitglied können Sie sich von den dortigen Experten beraten lassen und auch rechtliche Unterstützung bekommen.

Wer ist der Kostenträger?

Vielleicht ist aber gar nicht die Rentenversicherung Ihr Ansprechpartner. Mitunter springt die gesetzliche Krankenkasse für Reha-Maßnahmen ein, zum Beispiel für eine Mutter-Kind-Kur oder bei einer medizinisch notwendigen Reha, die sich direkt an einen Krankenhausaufenthalt anschließt. Ist die Maßnahme infolge eines Arbeitsunfalls notwendig, ist die gesetzliche Unfallversicherung am Zug.

▶ Sie wollen mehr wissen zum Thema Rehabilitation und möglichen Ansprechpartnern? Hintergrundinformationen erhalten Sie zum Beispiel über die **Bundesarbeitsgemeinschaft für Rehabilitation** mit Sitz in Frankfurt, zu der sich Sozialversicherungsträger und weitere Institutionen zusammengeschlossen haben. Mehr dazu unter bar-frankfurt.de.

Frühzeitig die Weichen richtig stellen

Jede Gehaltserhöhung macht sich für die Rente bezahlt. Umgekehrt gilt: Wenn Sie Stunden reduzieren, erwirtschaften Sie aus eigener Arbeit weniger für den Ruhestand. Es lohnt sich also für heute wie für später, dass Sie sich die nächsten beruflichen Schritte genau überlegen. Auch manch private Veränderung hat Folgen für die Rente.

Mit Anfang, Mitte oder Ende 40 werden Sie sich kaum regelmäßig Gedanken über Ihre Rente machen. Dennoch: Irgendwie ist sie doch immer präsent, zum Beispiel, wenn Sie sich Ihre Gehaltsabrechnungen anschauen. Manch einer wird sich vermutlich darüber ärgern, wie viel Monat für Monat von seinem Bruttoverdienst an die Rentenkasse überwiesen wird. So sind es beispielsweise 418,50 Euro Rentenbeitrag, den der Arbeitgeber bei einem Monatsbrutto von 4500 Euro automatisch von Ihrem Bruttogehalt abzieht.

An diesem Abzug können Sie nichts ändern, denn wenn Sie angestellt beschäftigt sind, sind Sie versicherungspflichtig in der gesetzlichen Rentenversicherung. Selbstständige sind nur zum Teil versicherungspflichtig, die meisten sind es nicht. Beamte sind es ebenfalls nicht, sie erhalten im Alter eine gesonderte Versorgung.

Auch Angehörige der kammerfähigen freien Berufe wie Ärzte, Rechtsanwälte oder Steuerberater müssen keine Beiträge an die gesetzliche Rentenversicherung zahlen – sie sind als Selbstständige und in der Regel auch als Angestellte, die einer berufsbezogenen Tätigkeit nachgehen, über ihre berufsständischen Versorgungswerke für das Alter sowie für den Fall der Berufsunfähigkeit geschützt. Ein separates System gibt es außerdem für Landwirte.

Mit diesen Beiträgen müssen Sie rechnen

Als Angestellter haben Sie keine Wahl: Rentenbeiträge sind Pflicht. Wie viel fällig wird, hängt von Ihrem Bruttoeinkommen ab. Selbstständige haben einige Entscheidungsmöglichkeiten.

Angestellte müssen gemeinsam mit ihrem Arbeitgeber Beiträge an die Rentenkasse zahlen. Der Beitragssatz liegt 2021 bei 18,6 Prozent. Bei allen Angestellten, die mehr als 1300 Euro brutto im Monat verdienen, gehen am Monatsende 9,3 Prozent als Rentenbeitrag vom Gehalt ab. Der Arbeitgeber zahlt den gleichen Anteil.

Die Beiträge werden aber nur bis zur Beitragsbemessungsgrenze fällig. Für die gesetzliche Rentenversicherung liegt diese im Jahr 2021 in Westdeutschland bei 85 200 Euro jährlich, also 7100 Euro im Monat. Selbst wenn Sie mehr verdienen, zahlen Sie am Monatsende höchstens einen Beitrag von 660,30 Euro (9,3 Prozent von 7100). Das gilt auch für Ihren Arbeitgeber. In den östlichen Bundesländern liegt die Beitragsbemessungsgrenze 2021 bei 80 400 Euro im Jahr, 6700 Euro im Monat.

Zum versicherungspflichtigen Einkommen, für das Sozialabgaben fällig werden, zählen neben dem Monatsgehalt auch besondere Zahlungen wie Urlaubs- oder Weihnachtsgeld. Für die Vergütung von Überstunden fallen ebenfalls Abgaben an.

Für diese geleisteten Beiträge bekommen Sie aber auch etwas: Der Rentenversicherungsträger setzt die Beiträge, die die Versicherten selbst und ihre Arbeitgeber leisten, ins Verhältnis zu dem, was alle anderen Versicherten in einem Jahr an Beiträgen an die Rentenversicherung zahlen.

Verdient ein Arbeitnehmer genau das Durchschnittseinkommen aller Beitragszahler (2020 waren das nach jetzigem Stand 40 551 Euro, 2021 sind es 41 541 Euro) und zahlen er und sein Arbeitgeber entsprechend Beiträge ein, erwirbt der Angestellte einen Entgeltpunkt für sein Rentenkonto. Die im Laufe des Lebens gesammelten Entgeltpunkte werden in Geld umgerechnet (siehe „Eine Rechnung für sich", S. 24).

Besondere Arbeitsverhältnisse

Etwas anders sieht die Beitragsrechnung für Angestellte aus, deren Einkommen über 450 bis 1300 Euro im Monat liegt. Wer in diesem Übergangsbereich verdient, muss selbst nur reduzierte Beiträge für die Sozialversicherung aufbringen. Sie steigen innerhalb dieses Bereichs stufenweise an.

Meine Rente – mein Plan

In vielen Unternehmen und Branchen ist es möglich, Mehrarbeitsstunden auf einem Zeitkonto zu sammeln. Das Stundenpolster wird dann zum Beispiel direkt in Freizeit abgegolten oder für spätere Auszeiten aus dem Job oder einen früheren Ausstieg aus dem Arbeitsleben genutzt. Unter bestimmten Voraussetzungen ist es auch möglich, ein solches Wertguthaben an die gesetzliche Rentenversicherung zu übertragen. Diese Option sollten Sie im Hinterkopf behalten, wenn Sie zum Beispiel Ihren Job verlieren und Ihr neuer Arbeitgeber Ihnen keine Möglichkeit bietet, das Stundenkonto weiterzuführen. Mehr Informationen dazu erhalten Sie bei der Deutschen Rentenversicherung.

Beispiel: Katharina wohnt in Hamburg und arbeitet nach der Geburt ihrer Tochter in Teilzeit. 2020 hat sie 700 Euro brutto im Monat verdient. Dafür musste sie 50,72 Euro an die Rentenkasse zahlen, ihr Arbeitgeber 65,10 Euro.

Lange Zeit lag die Grenze, bis zu der Arbeitnehmer nur reduzierte Beiträge zu den einzelnen Zweigen der Sozialversicherung zahlen mussten, bei 850 Euro, doch diese wurde vor wenigen Jahren angehoben.

Auch das Gehalt von Auszubildenden in einem Betrieb liegt häufig in diesem Übergangsbereich – über 450 Euro bis 1300 Euro im Monat – doch für sie gelten nicht die vergünstigten Beitragssätze. Sie müssen den vollen Beitragsanteil zahlen. Nur wenn ihr Verdienst bei höchstens 325 Euro im Monat liegt, zahlen sie selbst keine Abgaben. Dann muss ihr Ausbildungsbetrieb die Beiträge für die einzelnen Zweige der Sozialversicherung für sie komplett allein übernehmen.

Minijob – niedrige Beiträge, aber auch niedriger Rentenanspruch

Verdienen Sie durchschnittlich höchstens 450 Euro im Monat, überweist der Arbeitgeber für Sie als Minijobber pauschal Beiträge an die Renten- und Krankenversicherung. Wenn Sie in einem Unternehmen angestellt sind, fließen 15 Prozent Ihres Verdienstes an die Rentenversicherung. Arbeiten Sie in einem Privathaushalt, sind es 5 Prozent für die Rentenversicherung.

Seit einigen Jahren müssen Minijobber selbst einen Beitragsanteil an die Rentenkasse zahlen. Wenn Sie etwa eine neue geringfügige Beschäftigung in einem Unternehmen annehmen, zahlen Sie 3,6 Prozent Ihrer Einnahmen aus eigener Tasche und sind damit pflichtversichert in der gesetzlichen Rentenversicherung. Wollen Sie das nicht, müssen Sie diese Option ausdrücklich abwählen. Teilen Sie Ihren Wunsch Ihrem

Arbeitgeber mit, der die Information an die Minijob-Zentrale weitergibt.

Gerade wenn Sie nur einen Minijob haben, diesen also nicht neben einer Hauptbeschäftigung ausüben, sollten Sie nicht darauf verzichten, Ihren eigenen Beitragsanteil zu leisten. Nur dann sichern Sie sich sämtliche Leistungen der gesetzlichen Rentenversicherung, etwa den Anspruch auf eine Erwerbsminderungsrente.

Minijob bringt wenig Rente

Egal, ob mit oder ohne eigenen Beitragsanteil: Die Ansprüche, die Sie als Minijobber für eine spätere Rente erwerben, sind sehr gering. Denn wie für alle anderen Versicherten gilt auch für Minijobber: Um Ihre Rentenansprüche aus der Tätigkeit zu ermitteln, setzt der Rentenversicherer die Rentenbeiträge ins Verhältnis zu den Beiträgen aller Versicherten.

Beispiel: Minijobberin Gesa hat 2020 genau 5400 Euro verdient. Das Durchschnittseinkommen aller Mitglieder in der gesetzlichen Rentenversicherung lag nach derzeitigem Stand für das Jahr bei 40551 Euro. Wer genau das verdient hat, bekommt für sein Rentenkonto einen Entgeltpunkt gutgeschrieben. Auch wenn Gesa den Rentenbeitrag ihres Arbeitgebers auf den vollen Beitragssatz von 18,6 Prozent aufgestockt hat, ergibt sich für sie aus einem Jahr Arbeit nach derzeitigem Stand ein Rentenanspruch von gerade einmal 4,55 Euro Monatsrente in den westlichen und 4,73 Euro in den östlichen Bundesländern. Der Wert in Ostdeutschland ist etwas höher, da Gesa vom Umrechnungsfaktor profitiert, den es als Entschädigung für das niedrigere Lohnniveau in Ostdeutschland gibt.

Hat Gesa die Rentenbeiträge ihres Arbeitgebers nicht aus eigener Tasche aufgestockt, kommt sie nach einem Jahr Minijob auf einen monatlichen Rentenanspruch von knapp 3,60 Euro, der sowohl für die westlichen als auch die östlichen Länder gilt.

Mit Aushilfsjobs Beiträge sparen

Für alle Angestellten, die ihr Einkommen aufbessern und netto möglichst viel behalten wollen, bietet sich ein Aushilfsjob an. Für den Zusatzverdienst können sie sich die Sozialabgaben komplett sparen. Das klappt 2021, wenn der Job von Vornherein auf 70 Arbeitstage im Jahr oder drei Monate am Stück befristet ist. 2020 galten aufgrund der Corona-Pandemie noch etwas andere Werte, etwa, dass ein Aushilfsjob sogar bis zu fünf Monate dauern konnte, ohne dass Sozialversicherungsbeiträge fällig wurden.

Den Aushilfsjob können Sie neben einer Hauptbeschäftigung oder auch neben dem Haupt- und einem Minijob annehmen, ohne dass dafür Sozialabgaben fällig werden.

Wenn keine Sozialabgaben und damit auch keine Beiträge an die Rentenkasse fällig werden, heißt das aber auch: Der Verdienst, den Sie mit Ihrem Aushilfsjob erzielen, wirkt sich nicht auf Ihren Rentenanspruch aus – er erhöht sich nicht.

Auch manche Selbstständige müssen zahlen

Bisher gilt: Viele Selbstständige müssen sich um die Beiträge zur gesetzlichen Rentenversicherung keine Gedanken machen. Wenn Sie zum Beispiel einen kleinen Laden führen, ein Café betreiben oder selbstständig als Stadtführer arbeiten, sind Sie nicht verpflichtet, Rentenbeiträge zu zahlen. Nur bei Selbstständigen in wenigen Berufen ist es anders: So ist etwa ein freiberuflich tätiger Lehrer oder eine selbstständige Hebamme versicherungspflichtig in der gesetzlichen Rentenversicherung.

Ihr Nachteil gegenüber den Angestellten: Sie müssen ihre Rentenversicherungsbeiträge komplett allein aufbringen, da sie keinen Arbeitgeber haben, der die Hälfte des Beitrags übernimmt.

Die 2017 gewählte Bundesregierung hat jedoch in ihrem Koalitionsvertrag festgehalten, dass es künftig eine Rentenversicherungspflicht für Selbstständige geben soll, die nicht über eine andere Institution wie ein berufsständisches Versorgungswerk vorsorgepflichtig sind. Geplant ist, dass die Selbstständigen die Wahl haben sollen, entweder in die gesetzliche Rentenkasse oder aber in einen privaten Vorsorgevertrag einzuzahlen. Bis Redaktionsschluss für diesen Ratgeber ist dieses Vorhaben allerdings nicht gesetzlich umgesetzt worden.

Somit bleibt es derzeit dabei, dass nur einzelne Berufsgruppen unter den Selbstständigen versicherungspflichtig sind. Der Gesetzgeber stuft zum Beispiel Handwerker, die als Meister in der Handwerksrolle eingetragen sind, Lehrer und Erzieher, Pflegepersonen, Hebammen und Entbindungspfleger, Seelotsen, Hausgewerbetreibende sowie Küstenschiffer oder Küstenfischer als besonders schutzbedürftig ein. Wer in diesen Berufen selbstständig ist, ist schon heute rentenversicherungspflichtig, zumindest für eine bestimmte Zeit.

Auch Selbstständigen in anderen Berufen kann es passieren, dass sie versicherungspflichtig werden: Wenn sie überwiegend nur für einen Auftraggeber tätig sind, fallen sie unter die Versicherungspflicht.

Manche Pflichtversicherte wie selbstständige Krankenschwestern oder auch Masseure rutschen aus der Versicherungspflicht, sobald sie einen rentenversicherungspflichtigen Angestellten beschäftigen. Diese Freiheit haben selbstständige Hebammen nicht: Selbst wenn sie jemanden als Mitarbeiter einstellen, bleiben sie in der gesetzlichen Rentenversicherung versicherungspflichtig.

Manche Freiberufler wie etwa Journalisten, Schauspieler oder Musiker sind in einer besonderen Situation. Sie sind über die Künstlersozialkasse versicherungspflichtig. Ihr Vorteil gegenüber den anderen rentenversicherungspflichtigen Selbstständigen ist, dass sie ihre Sozialabgaben nicht komplett allein aufbringen müssen. Sie erhalten einen Beitragszuschuss und zahlen somit nur den halben Beitragssatz von derzeit 9,3 Prozent ihres Einkommens.

Mehrere Optionen für die Höhe der Beiträge

Versicherungspflichtige Selbstständige können frei entscheiden, ob sie ihre Beiträge an die gesetzliche Rentenversicherung abhängig vom Einkommen zahlen oder den sogenannten Regelbeitrag überweisen. Den einkommensgerechten Beitrag erhebt die Rentenversicherung, wenn möglich, anhand eines vorliegenden Steuerbescheids aus dem Vorjahr. Fehlt dieser Bescheid noch, zum Beispiel bei Neugründern, müssen sie ihr Einkommen für das kommende Jahr im Voraus schätzen.

Etwas bequemer ist es für Selbstständige, wenn sie den Regelbeitrag zahlen. Dieser Durchschnittsbeitrag wird unabhängig vom Einkommen eingezogen. Er errechnet sich aus einem fiktiven Arbeitseinkommen in Höhe der „Bezugsgröße". Diese wird jedes Jahr neu festgelegt und liegt im Jahr 2021 in den westlichen Bundesländern bei 3290 Euro, in den östlichen Bundesländern bei 3115 Euro pro Monat. Legt man den derzeitigen Beitragssatz von 18,6 Prozent zugrunde, ergibt sich ein Regelbeitrag von 611,94 Euro im Westen und 579,39 Euro im Osten.

Sie können jederzeit zwischen den unterschiedlichen Beitragsformen wechseln. Allerdings geht das nur im Vorhinein, nicht rückwirkend.

In den ersten drei Jahren nach der Existenzgründung haben Selbstständige die Möglichkeit, statt des kompletten Regelbeitrags nur die Hälfte zu zahlen. Dadurch fällt die finanzielle Belastung für sie in der Anfangszeit niedriger aus. Gleichzeitig haben sie aber natürlich im Alter weniger Rentenansprüche: Wenn Sie als Selbstständiger den Regelbeitrag in die Rentenversicherung einzahlen, erwerben Sie für Ihr Rentenkonto in dem Jahr rund einen Entgeltpunkt. Zahlen Sie den halben Regelbeitrag, sind es entsprechend nur etwa 0,5 Entgeltpunkte.

Wenn Sie den einkommensgerechten Beitrag zahlen, wird Ihr Rentenanspruch wie für Angestellte ermittelt: Ihr Rentenbeitrag wird ins Verhältnis zu den Beiträgen aller Versicherten gesetzt, und daraufhin werden Ihnen Entgeltpunkte gutgeschrieben (siehe „Eine Rechnung für sich", S. 24).

Als Selbstständiger freiwillig Rentenbeiträge leisten

Um im Ruhestand finanziell nicht mit leeren Händen dazustehen, lohnt es sich für viele Selbstständige, freiwillig in die Rentenkasse einzuzahlen – selbst wenn sie gesetzlich nicht dazu verpflichtet sind. Die sicheren Renditen der gesetzlichen Rentenversicherung können sich gegenüber vielen privaten Angeboten auf jeden Fall sehen lassen, etwa im Vergleich zu einer klassischen privaten Rentenversicherung oder zur staatlich geförderten Rürup-Rente.

Der monatliche Mindestbeitrag liegt im Jahr 2021 bei 83,70 Euro (18,6 Prozent von 450 Euro). Sie können jedoch auch deutlich mehr zahlen, wenn Sie die finanziellen Möglichkeiten haben, nämlich bis zu 1320,60 Euro im Monat.

Wenn Sie aufgrund Ihres Berufs eigentlich nicht in der Versicherungspflicht sind, haben Sie zudem die Möglichkeit, aus freien Stücken bei der Rentenkasse einen Antrag auf Pflichtmitgliedschaft zu stellen. Dann zahlen Sie entweder den Regelbeitrag oder 18,6 Prozent Ihres Einkommens und sichern sich so die vollen Leistungen der gesetzlichen Rentenversicherung.

Wie Sie bei beruflichen Veränderungen mehr rausholen

Ein höherer Verdienst, von der Teilzeit in die Vollzeit, ein beruflicher Neustart im Ausland: Mit Veränderungen im Job können Sie Ihre Rente beeinflussen.

→ **Über eine Gehaltserhöhung** freut sich jeder. Und auch Ihrem Rentenkonto tut sie gut, denn je mehr Sie verdienen und je mehr Beiträge Sie und Ihr Chef an die Rentenkasse zahlen, desto mehr Leistungsansprüche erwerben Sie.

Es gibt jedoch eine Ausnahme: Sie haben schon vor der Gehaltserhöhung über der Beitragsbemessungsgrenze verdient (West 85 200 Euro, Ost 80 400 Euro im Jahr 2021). Dann sorgt die Gehaltserhöhung nicht mehr dafür, dass Sie jährlich mehr Rentenansprüche erwirtschaften. Denn in dem Fall zahlen Sie trotz höheren Gehalts nicht noch mehr Beiträge als vorher.

Bei niedrigerem Einkommen macht sich der höhere Verdienst aber bemerkbar:

Beispiel: Christina aus Hamburg hat zuletzt das Durchschnittseinkommen verdient und in den vergangenen Jahren einen Rentenanspruch von etwa 500 Euro erwirtschaftet. Nach ihrer Beförderung zur Team-

Meine Rente – mein Plan

Sie haben einen Minijob und überlegen mehr zu arbeiten, zögern aber, weil Sie wissen, dass Sie bei einem Verdienst über 450 Euro Sozialabgaben zahlen müssen? Das stimmt, doch bedenken Sie, dass bei einem Bruttoverdienst bis 1 300 Euro nur reduzierte Sozialabgaben fällig werden. Außerdem: Wer weiß, ob sich die Chance auf das höhere Gehalt noch einmal ergibt. Um Ihre Entscheidung zu erleichtern, suchen Sie im Internet nach einem Abgabenrechner für den Übergangsbereich. Rechnen Sie aus, was Ihnen netto vom Bruttogehalt bleibt. Einige Krankenkassen bieten einen solchen Rechner auf ihrer Homepage an.

leiterin verdient sie nun 20 Prozent über dem Durchschnitt. Wenn sie in den nächsten 20 Jahren immer 20 Prozent über dem Durchschnitt verdient, kommen zu den bisherigen 500 Euro Rentenanspruch nach derzeitigem Stand noch einmal rund 820 Euro Monatsrente hinzu.

Zum Vergleich: Würde sie in den nächsten 20 Jahren weiter das Durchschnittseinkommen verdienen, käme sie aus dieser Zeit nur auf knapp 684 Euro zusätzliche Rentenansprüche.

Auch wenn Sie als Teilzeitkraft Ihre Arbeitszeiten und damit Ihren Lohn erhöhen, profitieren Sie bei der Rente.

Beispiel: Sandra aus Bonn ist gerade 40 geworden. Sie hatte 2020 eine Halbtagsstelle mit einem Bruttoverdienst von etwa 1690 Euro im Monat und rund 20 276 Euro im Jahr. Das entspricht etwa der Hälfte des Durchschnittseinkommens (40 551 Euro im Jahr 2020). Dafür wird ihr für 2020 ein halber Entgeltpunkt auf dem Rentenkonto gutgeschrieben. Dieses eine Jahr Halbtagsjob bringt ihr nach derzeitigem Stand rund 17 Euro Rentenanspruch.

Angenommen, sie hätte ihre Arbeitszeit von 20 auf 30 Stunden pro Woche aufgestockt und so rund 2 535 Euro Bruttogehalt und damit drei Viertel des Durchschnittseinkommens verdient. Dann hätte ihr das eine Jahr mit diesem Arbeitspensum und Verdienst einen Rentenanspruch von knapp 26 Euro im Monat gebracht.

Zum Vergleich: Wenn sie 20 Jahre lang halbtags arbeitet, erreicht sie in dieser Zeit nach den derzeitigen Werten einen Rentenanspruch von etwa 342 Euro. Wenn sie 20 Jahre lang immer 75 Prozent des Durchschnittseinkommens verdient, kommt sie in dieser Zeit immerhin auf einen Rentenanspruch von knapp 513 Euro. Noch mehr wäre natürlich drin, wenn sie Vollzeit arbeitet: Erzielt sie mit ihrer vollen Stelle 20 Jahre lang das Durchschnittseinkommen, ergibt sich aus dieser Zeit ein Rentenanspruch von rund 684 Euro.

→ Eventuell Grundrente möglich

Kommen Sie nach langjähriger Berufstätigkeit auf eine eher niedrige Rente, haben Sie eventuell Anspruch auf die neu eingeführte Grundrente. Aber Achtung: Zu wenig dürfen Sie dafür im Berufsleben nicht verdient haben. Es zählen Zeiten, in denen Sie zwar unterdurchschnittlich, aber mindestens 30 Prozent des Durchschnittseinkommens verdient haben (siehe „Rente im Wandel", S. 19).

Für den Job ins Ausland

Auch wenn Sie im Berufsleben vorübergehend ins Ausland umziehen, wird die Deutsche Rentenversicherung Sie begleiten. Was genau der Auslandsaufenthalt für Ihre Rentenansprüche bedeutet, hängt vom Einzelfall und von mehreren Faktoren ab.

Entsendet Ihr Arbeitgeber Sie zum Beispiel für ein oder zwei Jahre in eine Unternehmenszweigstelle in Holland, Italien oder Schweden, können Sie über das deutsche Sozialversicherungssystem versichert bleiben. Das funktioniert, wenn die Entsendung in eines der Länder des Europäischen Wirtschaftsraums (dazu gehören neben den EU-Ländern Norwegen, Island und Liechtenstein) oder in die Schweiz voraussichtlich nicht länger als 24 Monate dauern wird.

Wenn Sie allerdings einen längeren Aufenthalt planen oder direkt bei einer Firma im Ausland beschäftigt werden, fallen Sie in das dortige System der Sozialversicherung. Doch wie auch immer die Lösung aussieht: Durch Ihren Auslandsaufenthalt sollen Ihnen keine sozialversicherungsrechtlichen Nachteile entstehen.

Beispiel: Kai arbeitet für drei Jahre in Schweden und erwirbt dort Rentenansprüche. Diese drei Jahre zählen mit für die Wartezeit, die er für eine deutsche Altersrente – auch bei vorzeitigem Rentenbeginn – erfüllen muss. Und: Durch die drei Jahre in Schweden verliert er nicht seinen Anspruch auf eine Erwerbsminderungsrente in Deutschland, wenn er zum Beispiel im ersten Jahr nach seiner Rückkehr in die Bundesrepublik erwerbsunfähig wird.

Anspruch auf diese Rente hat sonst in der Regel nur, wer in den letzten fünf Jahren vor Eintritt der Erwerbsminderung mindestens drei Jahre Pflichtbeiträge an die Deutsche Rentenversicherung gezahlt hat. Das hat Kai als in Schweden Beschäftigter zwar nicht, doch er hat Pflichtbeiträge in das schwedische System gezahlt und sich so die entsprechenden Ansprüche gesichert.

Ein Versicherter, der in ein ausländisches Sozialsystem fällt, muss während seines Auslandsaufenthalts keine freiwilligen Beiträge an die Deutsche Rentenversicherung zahlen. Je nach Vereinbarung mit dem Arbeitgeber kann es aber sein, dass dieser sich bereit erklärt, während der Auslandszeit das Rentenkonto freiwillig aufzustocken. Diese Zahlungen bringen dann für das Alter zusätzliche Rentenansprüche.

Beginnen Sie am besten frühzeitig mit Ihren Planungen für den vorübergehenden Umzug ins Ausland oder gar eine Auswanderung. Nutzen Sie Beratungsangebote – etwa über die Zentrale Auslands- und Fachvermittlung der Arbeitsagentur (ZAV). Erkundigen Sie sich, worauf Sie zum Beispiel in Sachen Rente, Krankenversicherung und privater Versicherungsschutz achten müssen. Erster Ansprechpartner für Fragen der Sozialversicherung ist Ihre gesetzliche Krankenkasse. Weitere Informationen bieten Broschüren, die Sie bei der Deutschen Rentenversicherung herunterladen können.

Im Alter eventuell mehrere Renten

Haben Arbeitnehmer in Ländern der EU und des Europäischen Wirtschaftsraums gearbeitet und dort Rentenansprüche erworben, muss jeder Staat, in dem sie tätig waren, für die entsprechende Zeit eine Rente zahlen. Hat ein Versicherter wie Kai im Beispiel in Deutschland und in Schweden gearbeitet, bekommt er im Alter aus beiden Ländern eine Rente, soweit er die Voraussetzungen für eine Rente erfüllt. Nur wenn der Auslandsaufenthalt weniger als ein Jahr gedauert hat, wird die Zeit im Ausland auf die deutsche Rente übertragen, um Verwaltungsaufwand und -ausgaben zu sparen.

Mit anderen Ländern außerhalb Europas wie Australien, den USA oder Chile hat Deutschland über Sozialversicherungsabkommen geregelt, wie die dort erworbenen Rentenansprüche zu berücksichtigen sind.

Nebenberuflich selbstständig

Eine weitere mögliche berufliche Veränderung: Sie möchten sich neben Ihrer angestellten Beschäftigung ein zweites Standbein als Selbstständiger aufbauen. Diese Nebentätigkeit kann Auswirkungen auf Ihre Sozialabgaben und Ihre Rentenansprüche haben, muss es aber nicht:

- **Für Ihre Sozialabgaben** im Hauptjob bedeutet die neue Zusatzaufgabe keine Veränderung. Es sei denn, Sie reduzieren Ihre Arbeitsstunden als Angestellter, um mehr Zeit für die Selbstständigkeit zu haben. Dann zahlen Sie entsprechend Ihres „neuen" Bruttoverdienstes als Angestellter weniger Beiträge an die Rentenkasse und erwirtschaften aufgrund der reduzierten Stundenzahl weniger Rentenansprüche für später.
- **Ob Sie für die nebenberufliche** Selbstständigkeit Beiträge an die Rentenkasse zahlen müssen und damit Rentenansprüche erwerben, hängt davon ab, mit welcher Beschäftigung Sie sich selbstständig machen, was Haupt- und was Nebentätigkeit ist und wie hoch Ihr Verdienst ist. Zusätzliche Beiträge für die gesetzliche Kranken- und Pflegeversicherung müssen Sie nicht zahlen, solange Ihre angestellte Beschäftigung in Verdienst und Umfang Hauptjob bleibt.

Für die Rentenbeiträge bei selbstständiger Nebentätigkeit gilt grundsätzlich: Liegt der Verdienst aus einer selbstständigen Nebentätigkeit auf Dauer bei höchstens 450 Euro im Monat, gilt die Selbstständigkeit als geringfügig. Eine Ausnahme besteht, falls sich jemand in einem künstlerischen oder publizistischen Beruf – etwa als freier Journalist oder Musiker – nebenbei selbstständig macht. Hier liegt die Geringfügigkeitsgrenze bei 325 Euro monatlich.

Solange die selbstständige Nebentätigkeit geringfügig bleibt, hat sie keine Auswirkungen auf die Sozialversicherung: Für den Job als Angestellter zahlen Sie bereits Beiträge zur Kranken-, Pflege- und Rentenversicherung, für die Nebentätigkeit fallen keine weiteren Abgaben an.

Je nach Beruf in der Versicherungspflicht

Ein Einkommen oberhalb der jeweils geltenden Geringfügigkeitsgrenze kann jedoch Auswirkungen haben, denn bei bestimmten selbstständigen Tätigkeiten werden Rentenversicherungsbeiträge fällig. Wenn sich ein Angestellter zum Beispiel als Lehrer, Masseur oder Friseur nebenberuflich selbstständig macht, ist er bei einem Einkommen über 450 Euro im Monat versicherungspflichtig in der gesetzlichen Rentenversicherung.

Damit muss er zusätzlich zu den Pflichtbeiträgen, die für sein Einkommen als Angestellter an die einzelnen Zweige der Sozialversicherung zu zahlen sind, Pflichtbeiträge für seine selbstständige Nebentätigkeit an die Rentenkasse überweisen. Diese zahlt er allein, da es für die selbstständige Tätigkeit ja keinen Arbeitgeber gibt, der die Hälfte der Beiträge begleicht.

Die zusätzlichen Beiträge für die Selbstständigkeit machen sich aber immerhin später bei der Höhe der Rentenansprüche bezahlt, denn auch sie werden berücksichtigt, wenn für das jeweilige Jahr die Entgeltpunkte für das Rentenkonto ermittelt werden. Erst wenn die Beitragsbemessungsgrenze überschritten ist, wirkt sich das zusätzliche Einkommen nicht mehr aus.

Berechtigt eine selbstständige Nebentätigkeit zur Mitgliedschaft in der Künstlersozialkasse, haben die Versicherten wie „hauptberufliche“ Künstler und Publizisten den Vorteil, dass sie nur den halben Beitragssatz zahlen müssen und den Rest als Zuschuss vom Bund erhalten.

Eine Besonderheit gibt es allerdings auch hier zu beachten: Es kann sein, dass Sie für einen künstlerischen Zuverdienst über 325 Euro im Monat doch keine Rentenversicherungsbeiträge zahlen müssen. Denn wenn Sie mit Ihrer angestellten Beschäftigung im Jahr 2021 monatlich mehr als 3550 Euro im Westen und mehr als 3350 Euro im Osten verdienen, werden für den Zuverdienst keine Rentenbeiträge fällig.

Laut gesetzlicher Vorgabe gilt in einem solchen Fall, dass Angestellte, die mehr als die Hälfte der derzeitigen Beitragsbemessungsgrenze verdienen, für die künstlerische Nebentätigkeit nicht versicherungspflichtig sind.

Pflichtbeiträge und freiwillige Beiträge parallel?

Im Abschnitt „Als Selbstständiger freiwillig Rentenbeiträge leisten“ auf S. 60 heißt es, dass es sich für hauptberuflich Selbstständige lohnen kann, freiwillige Beiträge an die Rentenkasse zu zahlen. Für eine nebenberufliche Selbstständigkeit ist das aber meist keine Option. Denn wenn Sie sich beispielsweise neben Ihrem Hauptjob als Sekretärin mit einem Onlinehandel selbstständig machen, zahlen Sie für den Bürojob Pflichtbeiträge. Dann dürfen Sie nicht noch für den Verdienst aus dem Onlinehandel freiwillige Beiträge an die Rentenkasse zahlen.

→ Vorab informieren

Wenn Sie eine nebenberufliche Selbstständigkeit planen, klären Sie am besten noch vor dem Start, ob für die gewählte Tätigkeit eine Versicherungspflicht in der gesetzlichen Rentenversicherung besteht. Informieren Sie sich zum Beispiel direkt bei der Deutschen Rentenversicherung, damit Sie von Beginn an kalkulieren können, ob Sie mit Rentenbeiträgen rechnen müssen und wie hoch diese in etwa sein werden.

Neben möglichen Rentenbeiträgen müssen Sie aber meist nicht fürchten, dass weitere Sozialabgaben für Ihr Zusatzeinkommen als Selbstständiger fällig werden. Wenn die Selbstständigkeit nebenberuflich bleibt, zahlen Sie für den Verdienst keine Beiträge zur gesetzlichen Kranken- und Pflegeversicherung.

Dennoch müssen Sie Ihrer Krankenkasse die Nebentätigkeit melden. Sie überprüft dann anhand des Einkommens und der Arbeitszeit, ob die Selbstständigkeit tatsächlich neben- oder doch hauptberuflich ist. Sollte sie zu Ihrer Hauptbeschäftigung werden, gelten Sie nicht mehr als angestellt beschäftigt, sondern werden nach den Regeln für hauptberuflich Selbstständige krankenversichert.

Meine Rente – mein Plan

Sie geben für Ihre Selbstständigkeit Ihre angestellte Beschäftigung auf? Dann setzen Sie die Neugestaltung Ihrer Altersvorsorge mit auf Ihre To-do-Liste – gerade wenn Sie aufgrund der Art Ihrer Selbstständigkeit eigentlich keine Beiträge mehr an die Rentenkasse zahlen müssten. Doch es wäre fatal, Ihre Altersvorsorge komplett schleifen zu lassen. Als Selbstständige können Sie weiter freiwillige Beiträge an die Rentenkasse leisten, oder Sie stellen einen Antrag auf Pflichtmitgliedschaft. Lassen Sie sich zu den möglichen Beiträgen und den Vor- und Nachteilen von der Rentenkasse beraten.

Kurzarbeit und Arbeitslosigkeit mit Auswirkungen auf die Rente

Gerade infolge der Corona-Krise sind zwei weitere berufliche Veränderungen für viele Berufstätige relevant geworden: Welche Folgen hat es für meine Rente, wenn ich vorübergehend in Kurzarbeit bin, und welche Folgen hat eine Arbeitslosigkeit? Die gute Nachricht vorweg: Wenn diese Phasen nicht allzu lange dauern, halten sich die Einbußen bei den Rentenansprüchen in Grenzen.

So gilt etwa für die Phase der Kurzarbeit, dass Sie weiter in der gesetzlichen Rentenversicherung versichert sind. Sie zahlen Ihre Beiträge auf Basis des niedrigeren Bruttoverdienstes, Ihr Arbeitgeber muss seinen Beitragsanteil aber aufstocken. Sein Anteil berechnet sich auf Basis eines fiktiven Arbeitsentgelts, das bei 80 Prozent des weggefallenen Bruttoverdienstes liegt.

Beispiel: André hat 2020 für drei Monate nur 2 500 und nicht wie sonst 5 000 Euro brutto verdient. In dieser Zeit hat er jeweils 232,50 Euro (9,3 Prozent von 2 500) an die Rentenkasse gezahlt. Sein Arbeitgeber hat ebenfalls diese 232,50 Euro gezahlt plus Zuschuss: Andrés Monatsbrutto war um 2 500 Euro niedriger als sonst. 80 Prozent davon sind 2 000 Euro. Somit musste sein Arbeitgeber für diese 2 000 Euro den vollen Rentenbeitrag aufbringen. Das waren 372 Euro im Monat. Letztlich flossen 837 Euro Rentenbeiträge für André. In normalen Zeiten wären es Beiträge in Höhe von 930 Euro im Monat (18,6 Prozent von 5 000) gewesen. Die Rentenansprüche aus der Zeit der Kurzarbeit sind somit um 10 Prozent niedriger als in normalen Zeiten.

Auch während Arbeitslosigkeit fällt das Rentenminus nicht allzu groß aus, zumindest solange Sie Arbeitslosengeld I beziehen. Dann überweist die Arbeitsagentur grundsätzlich für Sie Rentenbeiträge. Deren Höhe wird so berechnet, als würden Sie 80 Prozent Ihres bisherigen Gehalts verdienen.

Anders sieht die Situation allerdings für diejenigen aus, die kein Arbeitslosengeld I mehr bekommen und danach zum Beispiel auf Arbeitslosengeld II (Hartz IV) angewiesen sind. Denn dann zahlt die Arbeitsagentur keine Rentenbeiträge mehr für sie.

Nichts verschenken

Läuft Ihr Arbeitsvertrag aus, melden Sie sich rechtzeitig bei der Arbeitsagentur, um sicherzustellen, pünktlich Ihr Arbeitslosengeld I zu erhalten. Sind Sie unsicher, welche Frist für Sie gilt, fragen Sie direkt bei der Arbeitsagentur. Melden Sie sich zu spät und werden von der Arbeitsagentur mit einer Sperrfrist ohne Leistungen belegt, fließen in der Zeit keine Beiträge an die Rentenkasse.

Melden Sie sich auch arbeitslos, wenn Sie keinen Anspruch auf Arbeitslosengeld haben. Durch die Meldung wird Ihnen die Phase für die Rente zumindest als Anrechnungszeit anerkannt. Das kann später helfen, um die Vorgaben für einen vorgezogenen Rentenbeginn zu erfüllen.

Wie das Privatleben spielt

Scheidung, Elternzeit, Pflegezeit: Auch solche Einschnitte beeinflussen die Rente. Bestimmte Leistungsansprüche sind Ihnen sicher, doch Sie können eventuell noch mehr herausholen.

Parallel zum Arbeitsalltag können sich auch im Privatleben Veränderungen ergeben, die für die Rente eine enorme Rolle spielen. Vor allem die Geburt eines Kindes kann das bisherige Leben auf den Kopf stellen und wird in der Regel auch Einfluss auf die Höhe der Rente haben.

Nach der Geburt tritt meistens zumindest ein Elternteil vorübergehend beruflich kürzer, nimmt eventuell eine längere Auszeit und kehrt danach oft mit reduzierter Stundenzahl in den Beruf zurück. Solche Auszeiten und Teilzeitphasen haben Folgen für die Rente. Doch solange sie begrenzt sind, bleiben die Einbußen für den Ruhestand überschaubar. Dafür sorgen auch die Kindererziehungszeiten und die Kinderberücksichtigungszeiten, die Eltern zustehen (siehe „Manchmal hilft der Staat", S. 13).

So lohnt sich die Arbeit während der Erziehungszeit für die Rente

Während der Kindererziehungszeit ist der Elternteil, der sich überwiegend um die Erziehung kümmert, pflichtversichert und bekommt pro Jahr annähernd einen Entgeltpunkt für das Rentenkonto gutgeschrieben. Hat dieser Elternteil in der Erziehungszeit bereits wieder ein eigenes Einkommen, bekommt er die Rentenansprüche für die Erziehungszeit obendrauf. Allerdings eventuell nicht komplett, wie ein folgendes Beispiel zeigt.

Wichtiger Hintergrund für die Beispielrechnung: Im Jahr 2020 lag die Beitragsbemessungsgrenze bei 82 800 Euro in den westlichen und 77 400 Euro in den östlichen Bundesländern. Wer als Berufstätiger in Köln oder München genau diese 82 800 Euro oder mehr verdient, erhält nach derzeitigem Stand genau 2,042 Entgeltpunkte für sein Rentenkonto.

Mehr Entgeltpunkte kann auch eine Mutter, die frühzeitig mit einem guten Verdienst in den Job zurückgekehrt ist, in einem Jahr nicht an Rentenansprüchen erzielen. Je nach Verdienst profitiert sie somit eventuell nicht voll vom Zusatzpunkt für Kindererziehung:

- **Verdienst unter dem Durchschnitt:** Eine Frau, die 2019 Mutter geworden ist, arbeitet seit Januar 2020 wieder. Sie hat 2020 etwa 20 276 Euro brutto verdient. Das ist nach derzeitigem Stand etwa die

Hälfte des Durchschnittseinkommens. Sie erwirbt somit durch ihren Job etwa 0,5 Entgeltpunkte für ihr Rentenkonto. In dem Fall profitiert sie voll von der Kindererziehungszeit, denn ihrem Konto wurde für 2020 zusätzlich der Entgeltpunkt für Kindererziehung gutgeschrieben. Sie kommt dadurch auf etwa 1,5 Entgeltpunkte für 2020.

- **Mehr als der Durchschnitt:** Die Frau hat 2020 etwa 58 800 Euro verdient. Sie liegt damit deutlich über dem Durchschnittseinkommen und hat allein aus den Rentenbeiträgen für ihre berufliche Tätigkeit rund 1,45 Entgeltpunkte gesammelt. Diesen Wert stockt der Rentenversicherer nur noch so weit auf, dass sie umgerechnet auf den für das Jahr möglichen Maximalwert von 2,042 Punkten kommt. Sie profitiert somit nur zum Teil vom Punktezuschuss für Kindererziehung.
- **Über der Beitragsbemessungsgrenze:** Die Frau hat mehr als 82 800 Euro verdient und liegt damit über der Beitragsbemessungsgrenze. Allein durch ihre Arbeit hat sie die maximal möglichen 2,042 Entgeltpunkte gesammelt. Sie profitiert nun nicht mehr vom Extra-Punkt für Kindererziehung.

Papa ist dran!

Es ist keine Pflicht, dass immer die Mutter die Kindererziehungszeiten für ihr Rentenkonto gutgeschrieben bekommt. Wenn sie

30 SEKUNDEN FAKTEN

778 000

Kinder wurden im Jahr 2019 geboren. Nachdem die Geburtenzahl über einige Jahre stetig gestiegen ist, ging sie 2019 wieder zurück. Im Durchschnitt bekommen Frauen 1,57 Kinder.

72,6 %

der berufstätigen Frauen mit Kindern unter 6 Jahren arbeiteten 2019 in Teilzeit, nur 27,4 Prozent Vollzeit. Bei den Männern gingen bloß 6,9 Prozent einer Teilzeitbeschäftigung nach.

647 EURO

Altersrente im Monat bekamen Frauen in Westdeutschland Ende 2018 im Schnitt ausgezahlt, Männer erhielten 1 130 Euro.

Quelle: Statistisches Bundesamt, Deutsche Rentenversicherung

frühzeitig mit einem attraktiven Verdienst in den Job zurückkehrt und der Partner dafür beruflich zurücksteckt oder das niedrigere Einkommen hat, sollte das Paar überlegen, ob er die Erziehungszeiten auf sein Rentenkonto bekommt.

Sie können sich monatsweise entscheiden, wer von Ihnen die Zeiten gutgeschrieben bekommt. Das müssen Sie allerdings ausdrücklich im Vorfeld beim Rentenversicherer beantragen. Rückwirkend können die Erziehungszeiten nur für maximal zwei Monate übertragen werden.

Als Eltern von Zwillingen haben Sie Anspruch auf sechs Jahre Erziehungszeiten. Diese kann ein Partner allein nutzen. Oder Sie entscheiden sich in den ersten drei Jahren, die Zeit aufzuteilen, sodass etwa erst die Mutter eineinhalb Jahre Erziehungszeit nimmt und dann der Vater eineinhalb Jahre. Die Zeiten werden jeweils verdoppelt, sodass beide etwa drei Entgeltpunkte für ihr Rentenkonto erhalten.

Eine Chance für Mitglieder im Versorgungswerk

Vom Angebot der Kindererziehungszeiten können nicht nur die Beitragszahler der gesetzlichen Rentenversicherung profitieren, sondern auch Mitglieder in berufsständischen Versorgungswerken, also beispielsweise Ärztinnen, Steuerberaterinnen oder Architektinnen. Sie können bei der gesetzlichen Rentenkasse einen Antrag stellen, dass ihrem Rentenkonto die Kindererziehungszeiten gutgeschrieben werden. Wenn zum Beispiel eine Ärztin ab 1992 zwei Kinder bekommen hat, kann sie auf Antrag für jedes Kind die annähernd drei Entgeltpunkte für ihr Rentenkonto und die jeweils drei Jahre Erziehungszeit als Wartezeit für ihren Rentenanspruch angerechnet bekommen. Damit erfüllt sie bereits die Voraussetzungen, um im Alter – neben den Leistungen aus ihrem Versorgungswerk – auch noch eine gesetzliche Altersrente zu beziehen. Denn sie kommt auf sechs Jahre Versicherungszeit.

Erreicht eine Freiberuflerin nicht die fünf Jahre Wartezeit, kann sie Beiträge an die gesetzliche Rentenversicherung nachzahlen.

Ein Kind allein würde dagegen nicht reichen, denn dafür ergeben sich je nach Geburtsjahr nur zweieinhalb oder drei Versicherungsjahre. Nun kommt es darauf an, ob die Frau zum Beispiel aus einer früheren betrieblichen Ausbildung oder aus einem früheren Job bereits Versicherungszeiten bei der gesetzlichen Rentenversicherung hatte. Dann kann es sein, dass sie in Summe die geforderte Wartezeit von fünf Jahren erfüllt. Erreicht sie noch nicht die Wartezeit, kann sie Beiträge an die gesetzliche Rentenversicherung nachzahlen. Das lohnt sich.

Beispiel: Annika aus Leipzig hat für ihre 2011 geborene Tochter Anspruch auf drei Jahre Erziehungszeit und die entsprechenden Entgeltpunkte für ihr Konto bei der gesetzlichen Rentenversicherung. Sie kann nun freiwillig für die zwei fehlenden Jahre jeden Monat den Mindestbeitrag an die Rentenkasse zahlen. Derzeit sind das 83,70 Euro im Monat oder umgerechnet etwa 2010 Euro insgesamt. Nach diesen Einzahlungen hat sie die geforderte Wartezeit von fünf Jahren erfüllt und sich einen Rentenanspruch gesichert. Sie käme auf etwas mehr als drei Entgeltpunkte. Da jeder Entgeltpunkt derzeit in den östlichen Bundesländern 33,23 Euro wert ist, ergibt sich eine Monatsrente von rund 110 Euro.

Das ist nicht viel, aber umgerechnet auf ihre freiwillige Einzahlung von 2010 Euro gilt: Nach nicht einmal zwei Jahren Rentenbezug hat sie die Einzahlung wieder heraus. Selbst wenn sie nur zehn Jahre die Leistungen aus der gesetzlichen Rentenversicherung bezöge, wären das insgesamt rund 13000 Euro Rente, bei 20 Jahren rund 26000 Euro. Sie würde also viel Geld verschenken, wenn sie auf die Zahlung der freiwilligen Beiträge verzichtet.

Weiterer Vorteil durch Kinderberücksichtigungszeiten

Für junge Eltern gibt es eine zweite Leistung, mit der die Rentenkasse sie unterstützt: Die Mutter – auf Antrag der Vater – erhält nach der Geburt grundsätzlich zehn Jahre als Berücksichtigungszeit. Diese Zeit dient in erster Linie dazu, Rentenansprüche aufrechtzuerhalten. Sie wird zum Beispiel auf die Wartezeiten angerechnet, die für einen vorzeitigen Rentenbeginn notwendig sind (siehe Aufzählung unter „Wer darf wann gehen?", S. 86). Außerdem können die Berücksichtigungszeiten die Rentenhöhe beeinflussen. Denn wenn eine Frau zum Beispiel nach Ablauf der Kindererziehungszeit unterdurchschnittlich verdient, etwa weil sie nur wenige Stunden arbeitet, wird ihr Rentenanspruch während dieser Berücksichtigungszeit aufgestockt:

- Verdient zum Beispiel die Mutter in dieser Zeit weniger als das Durchschnittseinkommen, können ihre Rentenan-

Meine Rente – mein Plan

Wollen Sie auf die Mindestversicherungszeit von fünf Jahren kommen, können Sie mit der Zahlung von freiwilligen Beiträgen bis kurz vor Rentenbeginn warten. Fehlt Ihnen zum Beispiel noch ein Versicherungsjahr, reicht es, wenn Sie ein Jahr vor dem geplanten Rentenbeginn mit den Zahlungen beginnen. Sie können auch rückwirkend freiwillige Beiträge nachzahlen – für das gerade abgelaufene Jahr aber nur bis zum 31. März des aktuellen Jahres.

sprüche um bis zu 50 Prozent aufgestockt werden. Es ist aber nicht möglich, mithilfe der Aufstockung mehr als einen Entgeltpunkt für ein Jahr zu sammeln.

- Minijobber erhalten den Aufschlag nur, wenn sie pflichtversichert sind, wenn sie also den Rentenbeitrag ihres Arbeitgebers aus eigenen Mitteln bis zum vollen Beitragssatz von derzeit 18,6 Prozent aufstocken.
- Frauen, die mindestens zwei Kinder unter zehn Jahren gleichzeitig erziehen, können die Gutschrift auch dann erhalten, wenn sie nicht erwerbstätig sind.

Leben als (Ehe-)Paar

Trotz der Kindererziehungs- und Berücksichtigungszeiten: Wenn ein Partner beruflich deutlich für das Familienleben zurückgesteckt hat und entsprechend wenig Rentenansprüche sammeln konnte, steht er im Alter oftmals deutlich schlechter da als der Partner, der als Hauptverdiener die Familie versorgt hat. Die geringeren Rentenansprüche können vor allem bei einer Trennung zum Problem werden – umso mehr, wenn das Paar ohne Trauschein zusammengelebt hat. Denn dann hat etwa eine Mutter, die für das gemeinsame Kind eine längere berufliche Pause eingelegt hat, keinen Anspruch darauf, dass ihr Ex-Freund ihr dafür einen Ausgleich zahlt.

Etwas günstiger ist die Ausgangssituation für Ehepartner. Lassen sie sich scheiden, werden im Zuge des Scheidungsverfahrens sämtliche Rentenansprüche, die beide Partner im Laufe der Ehe erworben haben, jeweils zu gleichen Teilen aufgeteilt. Das gilt, wenn die Partner nicht im Rahmen eines Ehevertrags etwas anderes vereinbart haben. Wenn also etwa eine Frau weniger Entgeltpunkte gesammelt hat als ihr Mann, bekommt sie einen Zuschuss von seinem Punktekonto. Bei kurzer Ehedauer – maximal drei Jahre – kommt es allerdings nur zu einem Versorgungsausgleich, wenn einer der Partner dies beantragt.

Ein solcher Ausgleich betrifft nicht nur die gesetzliche Rente: Geteilt werden grundsätzlich auch die Ansprüche aus Betriebsrenten, Leistungen aus einem berufsständischen Versorgungswerk, Riester- und Rürup-Verträge sowie private Rentenversicherungen ohne Förderung.

Lange Zeit war es so, dass alle Ansprüche aus den einzelnen Vorsorgeverträgen auf die gesetzliche Rente umgerechnet wurden. Wenn also einer Frau auch noch ein Ausgleich aus der Betriebsrente ihres Mannes zustand, brachte ihr das entsprechende Zuschüsse bei der gesetzlichen Rente und ihm Abzüge. Heute wird grundsätzlich jeder Vertrag einzeln abgerechnet. Die Anbieter der Vorsorgeverträge, zum Beispiel der Direktversicherer mit der Betriebsrente, müssen für den Ehepartner bei einer Scheidung ein eigenes Rentenkonto einrichten, ebenso die privaten Rentenversicherer und der Riester-Anbieter.

Vorteil dieser Regelung: Die komplizierte Umrechnung auf die gesetzliche Rente entfällt, der Ausgleich erfolgt direkt. Nachteil: Für die Einrichtung der Konten für den Ehepartner verlangen die Anbieter Gebühren.

Doch es geht für Sie als Ehepartner, die sich scheiden lassen, auch einfacher. Sie müssen nicht jeden Vertrag einzeln aufteilen. Möglich ist zum Beispiel, dass Sie einen Ausgleich vereinbaren, der nur über einen Vertrag läuft: Als Ausgleich für drei kleine Altersvorsorgeverträge erhält die Frau dann zum Beispiel die große private Rentenversicherung, die bisher auf ihren Mann lief, komplett für sich.

Möglich sind aber auch ganz andere Regelungen, etwa dass Rentenansprüche auf anderem Weg abgefunden werden. Statt der Vorsorgeanteile des Partners erhält die Partnerin die gemeinsame Eigentumswohnung allein. All das wird im Zuge des Scheidungsverfahrens verhandelt.

→ Hilfe bei Trennung und Scheidung

Streit um die Kinder, um die Wohnung, ums Geld: Im Zuge einer Trennung können zahlreiche Fragen und Konflikte zutage treten. Die Stiftung Warentest fasst im Ratgeber „Aus und vorbei" zahlreiche Tipps und Hilfestellungen für diese schwierige Zeit zusammen. Sie können den Ratgeber unter test.de/shop bestellen.

Das Rentensplitting beantragen

Die Rentenansprüche gerechter aufteilen: Das ist nicht nur bei einer Scheidung eine Option, sondern kann auch in intakten Ehen eine Lösung sein, um dem einen Partner – zum Beispiel der Frau, wenn sie für die Familie beruflich zurückgesteckt hat – mehr finanzielle Sicherheit zu geben. Das Rentensplitting und damit die Aufteilung der während der Ehe erworbenen Entgeltpunkte beantragen die Partner im Normalfall mit einer gemeinsamen Erklärung. Diese kann das Paar in der Regel erst abgeben, sobald beide Partner Anspruch auf eine Altersvollrente haben.

Hat nur einer diesen Anspruch, muss der andere zumindest die Regelaltersgrenze erreicht haben. Außerdem müssen beide zum Zeitpunkt der Erklärung mindestens 25 Jahre an rentenrechtlichen Zeiten auf ihrem Versicherungskonto haben.

Stirbt ein Partner, bevor das Paar diese Erklärung abgegeben hat, kann der Hinterbliebene das Splitting allein beantragen und damit auf Dauer auf die Witwen- oder Witwerrente verzichten (siehe „Rentensplitting – eine mögliche Alternative?", S. 48).

Wenn die Eltern Pflege brauchen

Ein ganz anderes Ereignis kann sowohl das Privatleben als auch den beruflichen Alltag komplett auf den Kopf stellen: wenn die eigenen Eltern oder der Partner plötzlich pflegebedürftig werden. Für viele Berufstätige und Rentner ist es in dieser Situation immer noch selbstverständlich, selbst die Pflege zu übernehmen oder zumindest mitzuhelfen, damit der Angehörige in seinem bisherigen Zuhause und Umfeld bleiben kann. Doch was heißt das für die eigene finanzielle Situation – heute und in Zukunft?

Für heute gilt unter anderem: Sie haben unter bestimmten Voraussetzungen Anspruch darauf, Ihre Arbeitszeit für die Pflege eines Angehörigen zu reduzieren. Weitere Informationen, etwa zu den arbeitsrechtlichen Bedingungen finden Sie unter test.de, Suche: „Pflege von Angehörigen".

Wenn Sie für die Pflege Arbeitszeit reduzieren und entsprechend weniger verdienen, sammeln Sie in dieser Phase aus eigener Kraft weniger Punkte für Ihr Rentenkonto. Allerdings stehen Ihnen häufig für die nicht erwerbsmäßige Pflege eines Angehörigen zusätzliche Rentenansprüche zu. Diese ergeben sich, weil die Pflegeversicherung des Angehörigen dann für Sie Rentenbeiträge leistet. Dafür müssen folgende Voraussetzungen erfüllt sein:

1. Der Pflegebedürftige muss mindestens in Pflegegrad 2 eingestuft sein.
2. Der pflegende Angehörige muss ihn mindestens zehn Stunden pro Woche in häuslicher Umgebung versorgen.
3. Pflegestunden müssen auf mindestens zwei Tage in der Woche verteilt sein.
4. Der Pflegende darf nur für höchstens 30 Stunden die Woche erwerbstätig sein.

Werden diese Vorgaben eingehalten, zahlt die Pflegekasse Rentenbeiträge für Sie als pflegende Person. Die Höhe der Beiträge richtet sich nach dem Pflegegrad des Betroffenen und danach, in welchem Umfang Sie Unterstützung durch einen Pflegedienst in Anspruch nehmen.

Die Beiträge, die die Pflegekasse für Sie zahlt, werden anhand eines jährlich neu festgelegten fiktiven Einkommens ermittelt. Durch diese Beiträge erreichen pflegende Angehörige für ein Jahr Unterstützung zusätzliche Rentenansprüche von bis zu 32 Euro Monatsrente. Bei geringem Pflegegrad ergibt sich in einem Jahr aber nur ein Rentenplus von etwa 6 Euro pro Monat.

Selbst wenn Sie bereits Rentner sind, können Sie von den Pflegezeiten profitieren und Ihre Rentenansprüche weiter erhöhen. Wie das funktioniert, lesen Sie unter „Ehrensache: Wenn Angehörige Pflege brauchen" ab S. 150.

▶ **Ein Elternteil oder der Partner** wird pflegebedürftig? Dann überlegen Sie sich gut, wie sich die Pflege organisieren und zum Beispiel unter Geschwistern sinnvoll aufteilen lässt. Umfangreiche Informationen finden Sie unter test.de, Suche: „Pflege von Angehörigen". Weitere Hilfestellung bei Ihrer Planung, aber etwa auch bei Fragen zur Sozialversicherung erhalten Sie bei einem Pflegestützpunkt. Eine Beratungsstelle in Ihrer Nähe finden Sie zum Beispiel über die Internetseite der Stiftung „Zentrum für Qualität in der Pflege", zqp.de.

Die sichere Basis durch private Vorsorge ergänzen

Die gesetzliche Rente ist für die Absicherung im Alter und für Notfälle die sichere Basis. Doch sie allein wird nicht reichen – Sie müssen zusätzlich vorsorgen.

Die Stiftung Warentest geht davon aus, dass Ihnen im Ruhestand etwa 80 Prozent des letzten Nettogehalts zur Verfügung stehen sollten, damit Sie Ihren bisherigen Lebensstandard halten können. Allein mit der gesetzlichen Rente ist das nicht zu schaffen. Dass deshalb zusätzliche Vorsorge wichtig ist, ist der großen Mehrzahl der Berufstätigen von heute längst bewusst. Auch dass es sich lohnt, möglichst früh mit dem Vorsorgen zu beginnen, ist kein Geheimnis (siehe Checkliste „Bilanz ziehen und erfolgreich vorsorgen", S. 76): Je früher Sie Geld für später zurücklegen, desto mehr profitieren Sie – auch in Zeiten magerer Zinsen – vom Zinseszinseffekt.

Beispiel: Svenja und André sind beide 30 und vor Kurzem in ihren ersten richtigen Job gestartet. Svenja legt monatlich 200 Euro auf die Seite. Angenommen, sie hält das durch und legt diese Summe bis zu ihrem 67. Geburtstag zu einem Zinssatz von 1,5 Prozent an, dann erreicht sie nach den 37 Jahren immerhin ein Vermögen von 118517 Euro. André will noch nicht sparen und beginnt erst ab 40 Jahren, 200 Euro anzulegen. Dann stehen ihm mit 67 Jahren 79810 Euro zur Verfügung. Um in den 27 Jahren bis zum Rentenbeginn auf ein Vermögen wie Svenja zu kommen, müsste er ab dem Alter von 40 Jahren schon Monatsraten von knapp 300 Euro aufbringen.

Wenn Sie noch auf der Suche nach der passenden Altersvorsorge sind, finden Sie auf den nächsten Seiten einen Überblick zu den Vor- und Nachteilen der möglichen geeigneten Produkte. Falls Sie längst mit der Altersvorsorge begonnen haben, können Sie die folgenden Informationen nutzen, um zu prüfen, ob Sie einen passenden Weg eingeschlagen haben oder ob es eventuell sinnvoll ist, noch einmal umzuschwenken. Auch die Checkliste auf S. 76 hilft bei Ihren weiteren Vorsorge-Entscheidungen.

Staatliche Förderung nutzen

Wenn Sie für das Alter vorsorgen, gibt es verschiedene Möglichkeiten, um dies mit staatlicher Unterstützung zu tun. Infrage kommen dafür die Riester-Rente, eine Altersvorsorge über den Betrieb und ein Rü-

Checkliste

Bilanz ziehen und erfolgreich vorsorgen

Starten Sie mit der privaten Vorsorge, sofern Sie es noch nicht getan haben. Ist der Anfang geschafft, sollten Sie die Verträge im Blick behalten.

- ☐ **Überblick verschaffen:** Sie legen seit Jahren etwas für später zurück? Dann prüfen Sie zum Beispiel anhand der Standmitteilungen Ihrer Versicherer und mithilfe von Kontounterlagen, was und wie viel Sie anlegen. Überlegen Sie, ob Sie bisherige Verträge aufstocken können. Beispiel Betriebsrente: Die Fördergrenzen verschieben sich in der Regel jedes Jahr nach oben.
- ☐ **Bedarf ermitteln:** Überschlagen Sie, wie viel zusätzliche Vorsorge notwendig ist, damit Sie im Ruhestand etwa 80 Prozent des letzten Nettogehalts zur Verfügung haben. Schauen Sie dafür auch in die Renteninformation, die Ihnen einmal jährlich zugeschickt wird.
- ☐ **Ersparnisse und Vermögen prüfen:** Seien Sie realistisch, wenn Sie andere Vermögenswerte in Ihre Vorsorgeplanung einbeziehen. Eine eigene Immobilie bietet zwar Sicherheit, dass Sie im Alter keine Miete zahlen müssen, aber: Je älter Ihr Haus wird, desto eher können Reparaturkosten auf Sie zukommen.
- ☐ **Genau kalkulieren:** Wie viel Altersvorsorge können Sie sich in Ihrer derzeitigen finanziellen Situation leisten? Stellen Sie sich diese Frage regelmäßig und passen Sie Ihr Vorsorgeverhalten an. Altersvorsorge ist zwar wichtig, noch wichtiger ist aber, dass Sie für die Gegenwart abgesichert sind. Privathaftpflicht-, Risikolebens- und Berufsunfähigkeitsversicherung sind Policen, die zu Ihrem eigenen Schutz und dem Ihrer Familie nicht fehlen sollten. Das Geld, das Sie in diese Verträge investieren, steht Ihnen nicht für die Altersvorsorge zur Verfügung.
- ☐ **Ruhe bewahren:** Überstürzen Sie den Abschluss von Vorsorgeverträgen nicht. Nehmen Sie sich Zeit für die Auswahl. Bei allen Produkten, ob mit oder ohne staatliche Förderung, sind große Preis- und Qualitätsunterschiede die Regel.

rup-Vertrag. Zugegeben: Alle drei Varianten haben ihre Schwächen, doch sie können sich trotzdem lohnen. Der Staat greift Ihnen zum Teil deutlich unter die Arme.

- **Riester-Vertrag:** Sie profitieren auf jeden Fall von staatlichen Zulagen. Als Sparer erhalten Sie eine Grundzulage von bis zu 175 Euro im Jahr. Für ein 2008 oder später geborenes Kind sind bis zu 300 Euro Zulage jährlich möglich, für ältere Kinder bis zu 185 Euro. Die Kinderzulagen fließen, solange Sie Anspruch auf Kindergeld haben. Zusätzlich ist ein Steuervorteil möglich. Denn Sie dürfen Riester-Beiträge – eigene Einzahlungen plus staatliche Zulagen – als Sonderausgaben in der Steuererklärung abrechnen. Beachten Sie aber, dass die Riester-Rente im Ruhestand voll steuerpflichtig ist. Sozialabgaben müssen Sie allerdings meist nicht für die Riester-Auszahlung aufbringen. Es sei denn, Sie sind im Alter freiwillig gesetzlich krankenversichert (siehe „Freiwillige Versicherung oft teurer", S. 127). Dann können auch für das Geld aus einem Riester-Vertrag Beiträge zur Kranken- und Pflegeversicherung fällig werden.
- **Betriebliche Altersvorsorge:** Sie sparen Steuern und auch Sozialabgaben, wenn Sie einen Teil Ihres Gehalts in eine Betriebsrente investieren. Vor allem, wenn Sie einen sicheren Arbeitsplatz haben und wenn der Chef Sie beim Sparen unterstützt, lohnt es sich, über den Betrieb für das Alter vorzusorgen. Seit 2019 ist die Unterstützung des Chefs bei Neuverträgen Pflicht, ab 2022 auch bei laufenden Verträgen. Während der Ansparphase erhalten Sie also einiges an Unterstützung. Dafür ist eine Betriebsrente im Ruhestand steuerpflichtig, und Sie müssen für die Auszahlung den vollen Beitragssatz zur gesetzlichen Kranken- und Pflegeversicherung allein aufbringen, allerdings unter Berücksichtigung eines Freibetrags.
- **Rürup-Rente:** Mit Ihren Beiträgen für einen Rürup-Vertrag können Sie eine Menge Steuern sparen. Allerdings sind solche Verträge unflexibel, und bei Abschluss fallen in der Regel hohe Kosten an. Deshalb ist diese Form der Vorsorge nicht für jeden geeignet. Interessant kann sie für Selbstständige sein, die nicht in die gesetzliche Rentenkasse einzahlen. Die Rürup-Förderung ist am attraktivsten, wenn Sie ein hohes Einkommen haben und entsprechend viele Steuern zahlen müssen, denn dann fällt die Steuerersparnis durch die Rürup-Beiträge besonders üppig aus. Die ausgezahlte Rürup-Rente ist schon heute zum Großteil steuerpflichtig: Fließt die erste Rente zum Beispiel 2021, sind es bereits 81 Prozent. Für alle, die erst 2040 oder später die erste Rente beziehen, ist sie komplett steuerpflichtig. Sozialabgaben fallen dafür aber meist – wie bei der Riester-Rente – nicht an.

Ein Riester-Vertrag kann sich lohnen

Lange Zeit war bei der geförderten Altersvorsorge für viele ein Riester-Vertrag die erste Wahl. Immerhin wurden bis Mitte 2020 rund 16,5 Millionen Verträge abgeschlossen. Allerdings ging die Zustimmung für die Riester-Rente in den letzten Jahren deutlich zurück, Kritik wurde immer lauter, die Zahl der Verträge nimmt stetig ab. Hinzu kommt: Gut 20 Prozent der Verträge ruhen nach Schätzungen des Bundesarbeitsministeriums, hier werden also keine Beiträge mehr eingezahlt.

Einen direkten Anspruch auf die staatliche Förderung haben alle mit einer sozialversicherungspflichtigen Beschäftigung und Eltern in Elternzeit. Wer einen Minijob ausübt, kann die Förderung bekommen, wenn er aus eigener Tasche den Beitrag aufstockt, den der Arbeitgeber an die Rentenkasse zahlt. Ansonsten bleibt Minijobbern wie auch vielen Selbstständigen nur, die staatliche Förderung über ihren Ehepartner oder eingetragenen Lebenspartner zu bekommen. Voraussetzung dafür ist, dass der Partner einen direkten Förderanspruch und selbst einen Riester-Vertrag abgeschlossen hat. Dann kann derjenige ohne direkten Anspruch auf die staatliche Förderung ebenfalls einen Vertrag abschließen und von der staatlichen Unterstützung profitieren.

Vor allem mit Kindern sind die staatlichen Zulagen ein dicker Pluspunkt für den Riester-Vertrag. Die vollen Zulagen gibt es, wenn in den Vertrag inklusive der Zulagen mindestens 4 Prozent des Vorjahresbruttoeinkommens eingezahlt werden. Der Mindesteigenbetrag liegt bei 60 Euro im Jahr.

Beispiel: Carmen ist 48 und hat zwei Kinder, 10 und 12 Jahre alt. Sie arbeitet Teilzeit und hat 2020 brutto 22 000 Euro verdient. Das bedeutet, sie erhält die vollen staatlichen Zulagen für 2021, wenn insgesamt 880 Euro (4 Prozent von 22 000 Euro) an Riester-Beiträgen zusammenkommen. Wenn Carmen für sich und die zwei Kinder insgesamt 775 Euro Zulagen haben will (175 plus 300 plus 300 Euro), muss sie also nur 105 Euro aus eigener Tasche aufbringen.

„Entscheiden Sie sich nicht für irgendein Riester-Produkt, sondern für einen Vertrag, der zu Ihnen und Ihrer Situation passt.

Allerdings wird eine Riester-Rente, die sich aus so niedrigen Einzahlungen ergibt, eher mäßig ausfallen, höhere Einzahlungen bringen mehr. Gefördert werden pro Person Einzahlungen bis 2100 Euro jährlich: Bis zu dieser Grenze erkennt das Finanzamt Eigenbeiträge und Zulagen als Sonderausgaben an. Dadurch können Sie Steuern sparen. Die Ersparnis wird allerdings mit den bereits gezahlten Zulagen verrechnet.

Wenn Sie oder Ihr Ehepartner nur einen abgeleiteten Anspruch auf die staatliche Förderung haben, können Sie als Paar zusammen bis zu 2160 Euro jährlich in Riester-Verträge einzahlen. Wie Sie diesen Wert untereinander aufteilen, spielt keine Rolle – wichtig ist nur, dass Sie die Mindestzahlung von 60 Euro im Jahr je Vertrag einhalten.

Für Riester-Sparer ohne Kinder gibt es nur bis zu 175 Euro direkte Zulagen im Jahr. Für sie kann der Riester-Vertrag eventuell aufgrund des möglichen Steuervorteils attraktiv sein.

Die Riester-Vorsorge kann letztlich eine lohnende Investition sein. Riester-Angebote gibt es in verschiedenen Varianten. Am häufigsten wurden in der Vergangenheit Riester-Rentenversicherungen abgeschlossen. Mit diesem Vertragsabschluss sind allerdings enorme Kosten verbunden. Auch deshalb empfiehlt es sich, dass Sie sich nicht einfach für irgendein Riester-Produkt entscheiden, sondern für einen Vertrag, der zu Ihnen und Ihrer Situation passt.

Planen Sie zum Beispiel, in Zukunft in ein Eigenheim zu investieren, ist ein Riester-Bausparvertrag interessant. Haben Sie mit Anfang oder Mitte 40 noch viel Zeit für die Altersvorsorge, können Sie mit einem geförderten Fondssparplan einiges erreichen. Fondsinvestments bergen zwar ein gewisses Verlustrisiko, doch als Riester-Sparer haben Sie immerhin die Sicherheit, dass Ihre eigenen Einzahlungen und die staatlichen Zulagen Ihnen auch bei Verlusten sicher sind.

Meine Rente – mein Plan

Wenn Sie zu den Riester-Sparern gehören, die eine fondsgebundene Rentenversicherung abgeschlossen haben, sollten Sie sich die Zeit nehmen und prüfen, ob die Fonds-Auswahl passt oder ob sich Ihre Police optimieren lässt. Denn der Erfolg der Versicherung hängt stark davon ab, wie gut die darin enthaltenen Fonds sind. Als Kunde können Sie fast immer selbst bestimmen, in welche Fonds ein Teil Ihrer Beiträge fließt. Mithilfe des „Riester-Optimierers" der Stiftung Warentest können Sie sich einen Überblick verschaffen, mit welchen Umgestaltungen Sie Ihre Fondspolice verbessern können. Sie finden ihn unter test.de, Suchwort „Riester-Fondspolice".

Riester-Erspartes fürs Eigenheim

Sie wohnen in Ihrer eigenen Immobilie, zahlen sie aber noch ab? Oder Sie planen den Immobilienerwerb? Dann gibt es mehrere Möglichkeiten, die Riester-Förderung für das Eigenheim zu nutzen.

Infrage kommen zum Beispiel ein geförderter Bausparvertrag oder ein gefördertes Darlehen. Oder Sie nutzen bereits angespartes Riester-Vermögen – etwa in einer Rentenversicherung oder in einem Banksparplan: Das Geld können Sie dann beispielsweise als Eigenkapital einsetzen oder für eine Sondertilgung Ihres Darlehens. Dazu beantragen Sie bei der Zentralen Zulagenstelle für Altersvorsorge (ZfA) eine Entnahme aus Ihrem Riester-Vertrag. Mehr dazu und zu anderen Förderangeboten lesen Sie auf test.de/thema/eigenheimfoerderung.

Eine Alternative – Sparen mithilfe des Chefs

Als Arbeitnehmer haben Sie einen Rechtsanspruch auf Entgeltumwandlung. Das bedeutet: Sie können Ihren Arbeitgeber beauftragen, dass er einen Teil Ihres Bruttoverdienstes steuer- und sozialabgabenfrei in einen Vorsorgevertrag einzahlt. Infrage kommen fünf verschiedene Formen der betrieblichen Vorsorge: Direktversicherung, Pensionsfonds, Pensionskasse, Unterstützungskasse und Direktzusage. Der Arbeitgeber wählt das jeweilige Modell und den Anbieter aus. Für 2021 bleiben Einzahlungen bis 6 816 Euro im Jahr steuerfrei. Für Einzahlungen bis 3408 Euro sparen Sie sich immerhin die Sozialversicherungsbeiträge.

Die betriebliche Altersvorsorge ist vor allem dann interessant, wenn Ihr Arbeitgeber Ihren Beitrag für die Betriebsrente aufstockt. Das war lange Zeit keine Pflicht, doch das hat sich seit 2019 für jeden neu abgeschlossenen Betriebsrentenvertrag geändert. Der Arbeitgeber muss nun für Neuverträge mindestens 15 Prozent der eigenen Einzahlung in den Rentenvertrag investieren. Ab 2022 gilt das auch für Verträge, die vor 2019 abgeschlossen wurden.

Von Vorteil ist es außerdem, wenn Sie einen sicheren Arbeitsplatz haben. Wechseln Sie den Arbeitgeber, gibt es zwar einen Rechtsanspruch darauf, dass Sie Ihr angespartes Guthaben mitnehmen dürfen, nicht aber darauf, dass Sie Ihren bisherigen Vertrag fortführen können. Ein neuer Arbeitgeber ist nur verpflichtet, Ihr Guthaben in eines seiner Versorgungssysteme einzuzahlen. Wenn Sie vorher attraktive Konditionen hatten, können Sie also nicht sicher sein, diese nach dem Jobwechsel zu behalten.

Im Vergleich zu einem Riester-Vertrag sind Sie mit einer Betriebsrente weniger flexibel. Während Sie angespartes Riester-Vermögen zur Finanzierung einer Immobilie nutzen können, ist das bei der Betriebsrente nicht möglich. Sie kommen tatsächlich erst zum Ende der Laufzeit an Ihr Geld. Ein weiterer Nachteil der Rente aus Entgeltumwandlung: Sie müssen dafür im Ruhestand den vollen Beitragssatz zur gesetzlichen Kranken- und Pflegeversicherung zahlen.

Allerdings gilt hier seit Anfang 2020 immerhin ein neuer Freibetrag, sodass sich die Abzüge im Vergleich zu früheren Jahren etwas verringert haben. Der Freibetrag liegt 2021 bei 164,50 Euro im Monat. Beiträge werden somit nur für den Anteil der Betriebsrente fällig, der darüber hinausgeht.

Möglich ist außerdem, über den Arbeitgeber einen Riester-Vertrag abzuschließen. Diese betrieblichen Riester-Verträge sind

Durch eine Gesetzesänderung sind Betriebs- und Riester-Renten seit einigen Jahren auch bei niedrigem Einkommen attraktiver geworden: Beide Leistungen werden im Alter nicht mehr ab dem ersten Euro auf die Grundsicherung angerechnet. Mindestens 100 Euro im Monat bleiben außen vor, wenn jemand auf Grundsicherung im Alter – also auf finanzielle Unterstützung vom Staat – angewiesen ist. Sind die Zusatzrenten höher, bleibt ein weiterer Teil davon unberücksichtigt.

seit Anfang 2018 im Vergleich zu früher für viele Arbeitnehmer deutlich attraktiver geworden. Denn nun gilt, dass die meisten von ihnen im Ruhestand für Renten aus einem betrieblichen Riester-Vertrag keine Beiträge zur gesetzlichen Kranken- und Pflegeversicherung leisten müssen – egal, wie hoch die Rente ist. Für alle, die im Alter gesetzlich pflichtversichert sind, entfallen anders als vorher die Beiträge für die betriebliche Riester-Rente. Nur wer im Ruhestand freiwillig gesetzlich krankenversichert ist, muss auch für diese Art von Renten Beiträge zahlen.

Rürup-Rente für viele nicht die beste Option

Mit der dritten Form der geförderten Altersvorsorge können Sie eine Menge Steuern sparen: Immerhin sind 2021 pro Sparer bis zu 25 787 Euro geförderte Jahresbeiträge möglich. Bis zu 92 Prozent davon – maximal 23725 Euro – wird das Finanzamt als Sonderausgaben anerkennen. So ist es je nach Einzahlung und eigenem Einkommen möglich, einige Tausend Euro Steuern zu sparen. Das klingt zwar beeindruckend, dennoch ist die Rürup-Rente oft nicht die beste Option. Meist handelt es sich bei Rürup-Verträgen um Rentenversicherungen. Die Verträge sind eher unflexibel – die Rente kann frühestens mit 60 Jahren beginnen, bei ab 2012 geschlossenen Verträgen ab 62 Jahren.

Hinzu kommt: Längst nicht alle Rürup-Sparer haben die Möglichkeit, h die staatlich geförderten Beiträge bis zur Förderhöchstgrenze von knapp 26 000 Euro im Jahr einzuzahlen. Den Förderhöchstbetrag können nur Selbstständige ausgeben, die nicht in die gesetzliche Rentenkasse einzahlen. Arbeitnehmer hingegen haben weniger Spielraum: Sie müssen den Höchstbetrag um die Summe kürzen, die sie und ihr Chef als Beiträge an die gesetzliche Rentenkasse leisten. Dennoch können je nach Einkommen Einzahlungen von weit mehr als 10 000 Euro jährlich gefördert werden.

Doch lohnen sich diese Einzahlungen wirklich, selbst wenn Sie die Mittel dazu haben? Wenn Sie selbstständig sind und keine andere Möglichkeit haben, um mit staatlicher Förderung vorzusorgen, kann eine Rürup-Rente interessant sein. Sie sollten sich aber ziemlich sicher sein, dass Sie die Beiträge auf Dauer aufbringen können. Denn als Sparer können Sie den laufenden Vertrag nicht kündigen.

Und überlegen Sie sich – als Angestellter oder Selbstständiger – vor Vertragsabschluss, ob es stattdessen eine Option ist, Geld an die gesetzliche Rentenversicherung zu zahlen, etwa als Angestellter in Form einer freiwilligen Sonderzahlung. Auch diese Zahlungen können Sie steuerlich geltend machen. Wann und für wen Zahlungen an die gesetzliche Rentenkasse infrage kommen, lesen Sie unter „Mehr rausholen", S. 97.

Vorsorgen ohne staatliche Hilfe

Ging es um die Altersvorsorge ohne staatliche Förderung, galt der erste Gedanke vor nicht allzu langer Zeit noch privaten Versicherungsverträgen. Jahrelang waren private Kapitallebens- und Rentenversicherungen beliebte Lösungen. Entweder konnten die Versicherten nach einer längeren Ansparzeit auf eine größere Summe zurückgreifen, oder sie konnten sich eine lebenslange Rente sichern – oder beides.

Wenn auch Sie einen solchen Vertrag abgeschlossen haben, halten Sie möglichst bis zum Ende der Laufzeit durch. Gerade wenn Sie einen solchen Vertrag schon mehrere Jahre besparen, sollten Sie eine recht attraktive Garantieverzinsung von vielleicht sogar 3,25 oder 4 Prozent sicher haben. Mit einer vorzeitigen Kündigung sind häufig Verluste verbunden. Eine Alternative zur Kündigung könnte sein, dass Sie den Vertrag beitragsfrei stellen. Dann müssen Sie nichts mehr einzahlen, bekommen aber trotzdem erst zum Ende der Laufzeit Ihr Geld.

Ein Neuabschluss einer solchen Versicherung empfiehlt sich heute jedoch oft nicht mehr. Die garantierten Renditen der Verträge, bei denen die Versicherer das Geld ihrer Kunden überwiegend in sichere Zinsanlagen investieren, sind deutlich gesunken – als garantierte Verzinsung gibt es etwa für die klassische Rentenversicherung bei einem neu abgeschlossenen Vertrag nur noch 0,9 Prozent. Und diese Rendite erwirtschaften Sie nicht mit Ihrer gesamten Einzahlung, sondern nur mit dem Teil, der nach Abzug der Ausgaben des Versicherers für Verwaltung und Vertragsabschluss übrig bleibt. Viele Versicherer sind sogar dazu übergegangen, nur noch Verträge ohne garantierte Verzinsung anzubieten. Dafür bieten sie an, ihre Kunden stärker an ihren Überschüssen zu beteiligen. Deren Höhe ist aber nicht garantiert.

Ist Ihnen die Sicherheit wichtig, im Alter eine garantierte lebenslange Rente zu beziehen, schauen Sie zunächst, ob eine Riester-Rentenversicherung infrage kommt, ehe Sie einen ungeförderten Vertrag wählen.

Eine Alternative zum klassischen Vertrag können eventuell fondsgebundene Versicherungen sein. Entscheiden Sie sich für eine Fondspolice, fließt ein Großteil Ihrer Beiträge nicht in sichere Sparanlagen, sondern in Investmentfonds. Damit können Sie mehr Rendite erwirtschaften, allerdings ist damit ein höheres Risiko verbunden, da mit den Fonds Verluste möglich sind.

So kann es Ihnen passieren, dass Sie am Ende der Vertragslaufzeit weniger herausbekommen, als Sie eingezahlt haben. Wenn Sie dieses Risiko nicht schreckt, sollten Sie wenn möglich einen Vertrag bei einem Direktversicherer abschließen, um die Vertragskosten möglichst gering zu halten.

In den letzten Tarifvergleichen der Stiftung Warentest gab es aber nur wenige gute Angebote für Fondspolicen. Die jeweils aktuellsten Ergebnisse finden Sie unter test.de mit dem Suchwort „Fondspolice".

Immerhin besteht aber bei vielen Versicherern mittlerweile die Möglichkeit, dass das Geld in börsengehandelte Indexfonds, sogenannte ETF fließt. Bei ETF handelt es sich um besonders günstige Fonds, mit denen sich beispielsweise die Investition in Aktien vorbildlich breit streuen lässt.

Rendite-Chancen nutzen mit ETF

Flexibler als mit dem Versicherungsvertrag sind Sie, wenn Sie direkt in Aktienfonds investieren, ohne Versicherungsmantel. Gerade dann, wenn Sie Ihr Geld langfristig – am besten mindestens für die nächsten 10 oder besser noch 15 Jahre – anlegen wollen, ist das Fondsinvestment oft gut geeignet. Vor allem mit Fonds, die in Aktien investieren, stehen die Chancen sehr gut, auf lange Sicht eine ordentliche Rendite zu erzielen. Doch auch hier gilt: Mit dem Fondsinvestment ist immer ein Risiko verbunden, Verluste sind möglich. Überlegen Sie sich deshalb genau, wie viel Geld Sie so anlegen wollen und können. Wichtig ist, dass Sie finanziell so flexibel sind, dass Sie das investierte Geld nicht zu einem bestimmten Termin wieder benötigen, sondern ein mögliches Börsentief aussitzen können.

Für die langfristige Anlage, die vergleichsweise wenig kostet und wenig Mühe macht, eignen sich Sparpläne auf die bereits genannten Indexfonds (ETF – Exchange Traded Funds) besonders gut. Um das Risiko so gering wie möglich zu halten, sollten Sie ETF wählen, die einen weltweiten Index wie den MSCI World abbilden oder sich zumindest auf den europäischen Markt beziehen. Mit einem Fonds, der das Geld der Anleger über verschiedene Länder und Branchen streut, ist das Verlustrisiko geringer, als wenn Sie sich beispielsweise auf einen Fonds mit Unternehmen nur eines Landes konzentrieren.

▶ **Die Stiftung Warentest** bewertet regelmäßig aktiv gemanagte Fonds und ETF. Mit den „Pantoffel-Portfolios" hat sie Depotvorschläge entwickelt, die sich auch für Einsteiger eignen. Sie investieren dann sowohl in Aktien- als auch in sichere Zinsanlagen. Hilfe beim Aufbau des Pantoffel-Portfolios geben **test.de/pantoffel-portfolio** und der Ratgeber „Die Finanztest-Strategie" unter **test.de/shop**. Passende Fonds finden Sie im Produktfinder unter **test.de/fonds**.

Den Renten- beginn planen

Mit 67 in Rente? Oder doch früher? Mit Ende 50, spätestens mit Anfang 60 wird die Planung für den Absprung aus dem Berufsleben konkreter. Vor allem die Entscheidung für einen vorzeitigen Rentenbeginn will gut überlegt sein. Dazu gehört ein umfassender Finanzcheck: Kann ich mir die Frührente leisten?

Die Diskussion über das Renteneintrittsalter brandet immer wieder auf. Über viele Jahre galt die Vorgabe, dass die Rente im Normalfall mit 65 Jahren startet. Dann traten 2012 die Regeln zur „Rente mit 67" in Kraft. Und immer wieder tauchen in den Medien Aussagen auf, dass eigentlich die „Rente mit 70" nötig wäre.

Doch egal, ob 65, 67 oder 70: Viele Berufstätige von heute können sich nicht vorstellen, so lange durchzuarbeiten. Das bestätigen die Zahlen der Deutschen Rentenversicherung, aus denen hervorgeht, dass eine Frührente sehr beliebt ist – auch wenn damit Abschläge bei den Leistungen verbunden sein sollten.

Wissen Sie schon, wann Sie in Rente gehen wollen? Ein Anlass, sich mit dem Ausstieg aus dem Job zu beschäftigen, könnte der Brief der Deutschen Rentenversicherung sein, mit dem sie erstmals die „Rentenauskunft" verschickt. Erwerbstätige erhalten sie in der Regel im Alter von 55 Jahren. Sie gibt ihnen einen Überblick, mit welchen Einnahmen sie im Alter rechnen können.

Je älter Sie werden und je näher das Renteneintrittsalter rückt, desto konkreter und verlässlicher werden diese Informationen. Sie sind eine wichtige Hilfe, um zu entscheiden, wann Sie in Rente gehen wollen und mit welchen Leistungen Sie dann rechnen können.

Wer darf wann gehen?

Normalerweise sollen wir im Alter zwischen 65 und 67 Jahren in Rente gehen. Wenn Sie lange versichert waren, ist aber auch ein deutlich früherer Ausstieg aus dem Berufsleben möglich.

Die Regelaltersrente ist zwar der gesetzlich vorgesehene Normalfall, doch der vorzeitige Rentenbeginn ist und bleibt beliebt. Besonders attraktiv für alle, die nicht bis zum gesetzlich vorgesehenen Rentenbeginn arbeiten wollen, ist die „Altersrente für besonders langjährig Versicherte", für die sich weit mehr Versicherte interessieren als bei ihrer Einführung erwartet (siehe Kasten „30 Sekunden Fakten", S. 95).

Zu Beginn lief diese Rente oftmals unter dem Schlagwort „abschlagsfreie Rente mit 63". Heute ist diese Bezeichnung nicht mehr ganz zutreffend, denn selbst wenn eine der

Ohne Abschläge in Frührente

Je nach Geburtsjahr dürfen Sie im Alter zwischen 63 und 65 Jahren vorzeitig und ohne Abschläge die „Rente für besonders langjährig Versicherte" beziehen.

Geburtsjahr	Altersgrenze	Geburtsjahr	Altersgrenze
bis 1952	63 Jahre	1959	64 Jahre + 2 Monate
1953	63 Jahre + 2 Monate	1960	64 Jahre + 4 Monate
1954	63 Jahre + 4 Monate	1961	64 Jahre + 6 Monate
1955	63 Jahre + 6 Monate	1962	64 Jahre + 8 Monate
1956	63 Jahre + 8 Monate	1963	64 Jahre + 10 Monate
1957	63 Jahre + 10 Monate	ab 1964	65 Jahre
1958	64 Jahre		

Quelle: Deutsche Rentenversicherung

Voraussetzungen für diese Rente erfüllt ist – zum Beispiel 45 Berufsjahre, in denen Sie als Angestellter Pflichtbeiträge geleistet haben –, können Sie etwa mit Geburtsjahr 1958 frühestens im Alter von 64 und nicht 63 Jahren vorzeitig ohne Abschläge in den Ruhestand gehen (siehe Tabelle „Ohne Abschläge in Frührente", S. 86).

Für die geforderte Wartezeit von 45 Jahren zählen viele, aber nicht alle in der Rentenversicherung zurückgelegten Zeiten mit:

- Es zählen die Pflichtbeitragszeiten, die sich aufgrund einer angestellten Beschäftigung ergeben.
- Auch Zeiten mit Pflichtbeiträgen, die Selbstständige leisten, werden anerkannt. Haben Versicherte hingegen freiwillige Beiträge geleistet, zählen diese Zeiten nur, wenn mindestens 18 Jahre Pflichtbeiträge gezahlt wurden.
- Kindererziehungszeiten und Kinderberücksichtigungszeiten bis zum zehnten Lebensjahr des Kindes zählen, ebenso Wehr- und Zivildienst und Ersatzzeiten.
- War jemand vorübergehend arbeitslos und hat Arbeitslosengeld I bezogen, wird auch diese Phase in der Regel auf die 45 Jahre Wartezeit angerechnet.
- Komplizierter wird es bei einer Arbeitslosigkeit kurz vor Rentenbeginn: Hat jemand in den letzten zwei Jahren vor Rentenbeginn noch Arbeitslosengeld I bezogen oder zahlt er freiwillige Beiträge während der Zeit der Arbeitslosigkeit, zählt diese Phase nur dann für die geforderten 45 Jahre Wartezeit mit, wenn der Arbeitgeber in die Insolvenz gegangen ist oder sein Geschäft aufgegeben hat. Ist das nicht der Grund für Ihre Arbeitslosigkeit kurz vor Rentenbeginn? Dann kann es sich je nach Einzelfall lohnen, dass Sie sich etwa nach Auslaufen des Arbeitslosengeldes bei der Arbeitsagentur abmelden. Wenn Sie dann in den Folgemonaten freiwillige Rentenbeiträge leisten, zählen diese Monate für die Wartezeit doch mit.

Meine Rente – mein Plan

Sie möchten am liebsten so früh wie möglich aus dem Job aussteigen. Doch gerade wenn Sie die Chance haben, die Bedingungen für die abschlagsfreie Frührente zu erfüllen, dürfte es sich lohnen, noch einige Zeit länger durchzuhalten. Überlegen Sie, ob Sie wirklich schon mit 63 in Rente gehen wollen oder nicht doch noch etwas länger durchhalten, sodass Sie zum Beispiel mit 64 Jahren die geforderte Wartezeit von 45 Versicherungsjahren erfüllen. Wenn Sie auf diese Weise die Abschläge von 0,3 Prozent pro Monat der vorzeitigen Zahlung umgehen, haben Sie auf Dauer mehr finanzielle Möglichkeiten.

- Zeiten, in denen Sie Arbeitslosengeld II (Hartz IV) oder die frühere Arbeitslosenhilfe erhalten haben, bleiben bei der Wartezeit für die abschlagsfreie Frührente komplett außen vor – egal, wann diese Leistungen geflossen sind.
- Nicht für die Wartezeit berücksichtigt werden zum Beispiel auch Schul- oder Hochschulzeiten sowie Zeiten, die dem Versicherten im Zuge der Scheidung mittels des Versorgungsausgleichs übertragen wurden.

Pünktlich ab 63: Frührente mit Abschlägen

Wenn Sie 35 Jahre Rentenzeiten vorweisen, können Sie pünktlich mit 63 Jahren in Rente gehen. Dann verlieren Sie aber bis zu 14,4 Prozent Ihrer Leistungsansprüche.

Geburtsjahr	Rente für „langjährig Versicherte" [1]. Rentenabschlag (in Prozent) bei Rentenbeginn pünktlich zum 63. Geburtstag	Geburtsjahr	Rente für „langjährig Versicherte" [1]. Rentenabschlag (in Prozent) bei Rentenbeginn pünktlich zum 63. Geburtstag
1947	7,2	1956	10,2
1948	7,2	1957	10,5
1949	7,5 bis 8,1 [2]	1958	10,8
1950	8,4	1959	11,4
1951	8,7	1960	12,0
1952	9,0	1961	12,6
1953	9,3	1962	13,2
1954	9,6	1963	13,8
1955	9,9	ab 1964	14,4

1) Unter bestimmten Voraussetzungen – unter anderem je nach Geburtsjahr, wenn vor 2007 Altersteilzeit vereinbart wurde – können Sie weiterhin mit 65 Jahren ohne Abschlag in die Altersrente für „langjährig Versicherte" gehen.
2) Je nach Geburtsmonat. Januar 1949: 7,5 Prozent; Februar 1949: 7,8 Prozent; März bis Dezember 1949: 8,1 Prozent.
Quelle: Deutsche Rentenversicherung

Zur Not mit Abschlägen

Wenn Sie die Voraussetzungen für den vorzeitigen Rentenbeginn ohne Abschläge nicht erfüllen, bleibt mit der „Rente für langjährig Versicherte" noch eine Alternative zum vorgezogenen Rentenbeginn: Sie können doch mit 63 in Rente gehen – aber eben nur mit finanziellen Einbußen. Denn es gilt: Wenn Sie es nur auf 35 und nicht auf 45 Versicherungsjahre bringen, zieht Ihnen die Rentenkasse für jeden Monat der vorzeitigen Rentenzahlung 0,3 Prozent ab. Im ungünstigsten Fall verlieren Sie somit 14,4 Prozent Ihrer bis zum 63. Geburtstag erworbenen Rentenansprüche (0,3 Prozent für 48 Monate vorgezogene Rente).

Immerhin: Für die geforderten 35 Jahre zählen mehr Zeiten mit als bei der „Rente für besonders langjährig Versicherte". Zum Beispiel werden auch die Zeiten der Arbeitslosigkeit anerkannt. Hier spielt es keine Rolle, wann Sie arbeitslos waren. Zeiten, die Ihnen im Zuge einer Scheidung über den Versorgungsausgleich gutgeschrieben wurden, werden ebenfalls für die Wartezeit berücksichtigt.

Anders als geplant: Arbeitslosigkeit und Krankheit

Ein vorzeitiger Rentenbeginn ist auch in schwierigen Lebenssituationen möglich. Allerdings werden die Leistungen eventuell nicht sonderlich hoch ausfallen.

Manchmal ist nicht der einfache Wunsch nach mehr Freizeit der Grund für den vorgezogenen Rentenbeginn: Was, wenn die gesundheitliche oder körperliche Situation keine andere Wahl lässt oder zumindest das Bedürfnis steigert, vorzeitig aus dem Job auszuscheiden?

Für Berufstätige, die aus gesundheitlichen Gründen nicht mehr in der Lage sind, für mindestens drei oder mindestens sechs Stunden einer Berufstätigkeit nachzugehen, kommt unabhängig vom Alter eine Erwerbsminderungsrente infrage. Diese können Sie bis zu dem Zeitpunkt bekommen, an dem Sie die Altersgrenze für die Regelaltersrente erreichen – also je nach Geburtsjahr bis irgendwann zwischen dem 65. und 67. Geburtstag. Ab diesem Zeitpunkt erhalten Sie automatisch oder auf Antrag Ihre Altersrente anstatt der vorherigen Erwerbsminderungsrente. Auf Antrag kann die Erwerbsminderungsrente auch schon früher in die Altersrente umgewandelt werden (siehe „Die Leistungen im Überblick“, S. 23).

Für Erwerbstätige mit einem Grad der Behinderung von mindestens 50 kann die „Altersrente für schwerbehinderte Menschen“ eine Option für den vorzeitigen Rentenbeginn sein. Sie dürfen je nach Geburtsjahr zwischen dem 63. und dem 65. Geburtstag abschlagsfrei in Rente gehen.

Ein vorzeitiger Rentenbeginn mit Abschlägen ist sogar schon deutlich früher möglich – je nach Geburtsjahr bereits ab einem Alter von 60 Jahren. Allerdings müssen Sie dann mit Abschlägen von bis zu 10,8 Prozent von Ihren bis dato erworbenen Rentenansprüchen rechen (siehe Tabelle „Vorzeitig in Rente bei Schwerbehinderung“, S. 36).

Rentenansprüche auch bei längerer Krankheit

Setzt eine Erkrankung Sie nicht auf Dauer, aber immerhin für einen längeren Zeitraum beruflich außer Gefecht, sammeln Sie in dieser Phase weiter Rentenansprüche:

- In der Regel zahlt der Arbeitgeber für bis zu 42 Tage den Lohn weiter. Dementsprechend fließen weiter Rentenbeiträge wie sonst auch.
- Wenn Sie gesetzlich krankenversichert sind, springt ab der siebten Krankheitswoche die Krankenkasse ein und zahlt Ihnen für bis zu 78 Wochen ein Krankengeld. In dieser Zeit zahlt die Krankenkasse auch Ihre Rentenbeiträge, und zwar so, als würden Sie 80 Prozent Ihres bisherigen Einkommens beziehen.
- Sind Sie privat krankenversichert und endet die Lohnfortzahlung durch den Arbeitgeber, fallen Sie aus der gesetzlichen Rentenversicherung raus. Es sei denn, Sie stellen bei der Rentenversicherung einen Antrag auf Pflichtversicherung. Dann müssen Sie zwar während der Krankheitsphase nach Ende der Lohnfortzahlung selbst die Rentenbeiträge entrichten, vermeiden aber eine Lücke in der Rentenversicherung.

Aus der Arbeitslosigkeit in Rente

Über viele Jahre gab es mit der „Altersrente wegen Arbeitslosigkeit oder nach Altersteilzeitarbeit“ eine spezielle Form der Rente, die es Arbeitslosen erlaubte, unter bestimmten Voraussetzungen vorzeitig zwischen dem 60. und 63. Geburtstag in Rente zu gehen. Dieses spezielle Angebot existiert aber für alle, die ab 1952 geboren sind, nicht mehr. Dennoch können Sie auch bei Arbeitslosigkeit vor Erreichen der Regelaltersgrenze eine Rente beziehen – zum Beispiel als „langjährig Versicherter“ im Alter von 63 Jahren, wenn Sie 35 Jahre Wartezeit vorweisen.

Wenn Sie die „abschlagsfreie Frührente“ wünschen, müssen Sie aufpassen: Wie in der Aufzählung auf S. 87 gezeigt, zählen Arbeitslosenzeiten direkt vor dem geplanten Rentenbeginn im Regelfall nicht für die geforderte Wartezeit von 45 Jahren mit.

Bei Abfindung genau kalkulieren

Genau diese Regel sollten Sie auch im Blick haben, wenn Sie das Angebot erhalten, gegen eine Abfindung vorzeitig aus dem Job auszusteigen. Als Folge der Corona-Krise dürften solche Angebote gerade für ältere Beschäftigte häufiger werden. Prüfen Sie vor Ihrer Zusage, ob das Angebot zu Ihrer aktuellen finanziellen Situation passt. Klären Sie zum Beispiel mithilfe eines Renten- oder Steuerberaters die folgenden Fragen:

- Wie viel bleibt von der angebotenen Summe nach Abzug der fälligen Steuern tatsächlich übrig? Lassen Sie sich nicht blenden, wenn eine Abfindungssumme von zum Beispiel 100 000 Euro genannt wird. Sie erscheint erst einmal hoch, doch das Finanzamt will einen Teil davon abbekommen.
- Lassen sich von der verbleibenden Summe Ihre Ausgaben decken, und wie lange würde das Geld dafür reichen? Um besser planen zu können, klären Sie zum Beispiel auch, ob und ab wann Sie Ansprüche auf Leistungen aus der Arbeitslosenversicherung haben.
- Wie lange sollte/muss das Abfindungsgeld reichen? Gerade wenn Sie keinen neuen Job suchen wollen, klären Sie vorab, wann Sie welche Altersrente bekommen können. Die Abfindung sollte auch für mögliche Rentenabschläge reichen.

Kann ich mir den vorzeitigen Rentenbeginn leisten?

Egal, ob Sie die Frührente mit oder ohne Abschläge wählen: Im Ruhestand werden Sie meist weniger finanzielle Spielräume haben als im Berufsleben.

Wenn Sie vorzeitig nur mit Abschlägen in Rente gehen können, nehmen Sie sich unbedingt Zeit für diese Entscheidung. Können und wollen Sie sich das tatsächlich leisten?

Und selbst wenn Sie die Voraussetzungen für die abschlagsfreie „Rente für besonders langjährig Versicherte“ erfüllen, ist es sinnvoll, sich Gedanken um Ihre künftige finanzielle Lage zu machen. Denn auch bei der abschlagsfreien Rente ändert sich Ihre Einkommenssituation: Obwohl keine Abschläge von 0,3 Prozent pro Monat drohen, werden Sie in jedem Fall im Alter weniger Rente haben, als wenn Sie bis zur regulär vorgesehenen Grenze gearbeitet hätten.

Deshalb gilt: Ob Frührente mit oder ohne Abschläge – berücksichtigen Sie vor Ihrer Entscheidung die folgenden Faktoren:

- **Weniger monatliche Einnahmen:** Wenn Sie vorzeitig in den Ruhestand gehen, bekommen Sie zwar Rente, doch sie wird im Normalfall niedriger sein als Ihr vorheriges Gehalt. Ihnen steht also monatlich weniger Geld zur Verfügung als während der Berufstätigkeit.
- **Niedrigere Rentenansprüche:** Wenn Sie vorzeitig in Rente gehen, verzichten Sie auf Arbeitsmonate, in denen Sie weitere Rentenansprüche erarbeitet hätten. Wer also beispielsweise mit 64 Jahren aus dem Job aussteigt, wird weniger Rente haben, als wenn er bis zum 67. Geburtstag durcharbeiten würde, da drei Jahre Beitragszahlung entfallen.
- **Abschläge bei der Rente:** Eventuell kommen dann eben noch – je nach Art der vorgezogenen Altersrente – auf Dauer die monatlichen Abschläge von 0,3 Prozent pro Monat der vorzeitigen Rentenzahlung hinzu.

Um eine gute Entscheidung treffen zu können, beziehen Sie auch die folgenden Aspekte in Ihren Finanzcheck mit ein:

- **Finanzbedarf im Alter:** Machen Sie sich klar, welche Einnahmen Sie im Alter benötigen, um Ihren Lebensstandard sichern zu können. Welche regelmäßigen Ausgaben kommen weiterhin auf Sie zu, und wo gibt es Veränderungen? Hohe Beiträge für eine Berufsunfähigkeitsversicherung oder oft auch Ausgaben für das zweite Auto fallen im Ruhestand weg. Dafür entstehen vielleicht neue Kosten – etwa weil Sie mehr freie Zeit für teure Hobbys und Unternehmungen haben. Möglicherweise ändert sich auch etwas an Ihrer Wohnsituation und den damit verbundenen Ausgaben.
- **Ersparnisse:** Wie stehen Sie beziehungsweise Ihre Familie derzeit finanziell da? Wie ist das Geld angelegt, wann können Sie darauf zugreifen? Lässt sich daraus eine regelmäßige Zusatzeinnahme machen? Bleibt trotz allem eine Reserve für finanzielle Notfälle?
- **Einnahmen erhöhen:** Gibt es eine Möglichkeit, die sicheren Einnahmen im Alter zu erhöhen? Kommt zum Beispiel noch eine freiwillige Zahlung an die Rentenkasse infrage? Welche zusätzlichen Einnahmen im Ruhestand können Sie erwarten – etwa aus Miete oder Kapitalvermögen? Können Sie sich vorstellen, in einem Nebenjob etwas hinzuzuverdienen.
- **Alternativen:** Muss es gleich der komplette Ausstieg aus dem Job sein, oder gibt es eine Alternative – etwa einen

Laut Rentenauskunft und Standmitteilungen privater Anbieter wissen Sie, wie hoch Ihre Renten- und Leistungsansprüche sein werden? Das ist gut, doch beachten Sie: Es handelt sich um Bruttowerte. Tatsächlich wird Ihnen deutlich weniger Geld zur Verfügung stehen, denn auch im Alter müssen Sie Beiträge zur Kranken- und Pflegeversicherung aufbringen und immer häufiger auch Steuern zahlen (siehe „Netto statt brutto", ab S. 124).

gleitenden Übergang mit reduzierter Stundenzahl oder Altersteilzeit? Klären Sie, was Ihnen bei einer solchen Lösung am Monatsende an Gehalt bliebe. Sprechen Sie mit der Personalstelle Ihres Arbeitgebers und lassen Sie sich ausrechnen, wie viel Sie brutto und vor allem netto verdienen würden. Als Selbstständiger, der kürzertreten will, überdenken Sie die organisatorischen Möglichkeiten und klären Sie zum Beispiel mit Ihrem Steuerberater die finanziellen Folgen.

Trotz allem – die Frührente kann sich lohnen

Ihnen ist der Wunsch nach mehr Freizeit so wichtig, dass Sie bereit sind, finanzielle Einbußen in Kauf zu nehmen? Und Ihr Finanzcheck hat gezeigt, dass Sie sich den vorzeitigen Ruhestand leisten können, weil Sie auch mit der im Vergleich zum Gehalt niedrigeren Rentenzahlung auskommen?

Die gute Nachricht: Wenn Sie sich allein die Summe der von der Rentenkasse ausgezahlten Leistungen ansehen, schneiden Sie als Frührentner insgesamt nicht unbedingt schlechter ab als bei regulärem Rentenbeginn – oder zumindest nicht viel schlechter. Der Grund: Wenn Sie vorzeitig in Rente gehen, erhalten Sie in dieser Zeit bereits Leistungen, die Ihnen bei „pünktlichem" Rentenbeginn entgangen wären. Dieses Polster reicht eine geraume Zeit, ehe es durch das dauerhafte Rentenminus aufgebraucht ist.

Beispiel: Clemens wurde im September 1958 geboren. Er hat 40 Jahre in die Rentenversicherung eingezahlt und kann als „langjährig Versicherter" im Oktober 2021 im Alter von 63 Jahren in Rente gehen. Bis dahin hat er 60 Entgeltpunkte gesammelt. Die Altersgrenze für die Regelaltersrente liegt in seinem Fall aber bei 66 Jahren – also 36 Monate später. Deshalb werden ihm bei vorzeitigem Rentenbeginn 10,8 Prozent (36 x 0,3 Prozent) von den Rentenansprüchen abgezogen, die er bis zum 63. Geburtstag erworben hat.

Will er die Abschläge umgehen, könnte Clemens noch genau drei Jahre weiterarbeiten. Wir gehen davon aus, dass er in dieser

Zeit insgesamt noch vier Entgeltpunkte zusätzlich sammeln wird. Im Alter von 66 Jahren wäre er also bei 64 Punkten.

Was heißt all das nun für die Frage: Was kostet mich der vorzeitige Rentenbeginn letztlich an Leistungen der Rentenkasse?

Für den weiteren Vergleich gehen wir der Einfachheit halber davon aus, dass es in den kommenden Jahren keine Rentensteigerungen gibt: Die von Clemens bis zum 63. Geburtstag erworbenen 60 Entgeltpunkte entsprechen nach derzeitigem Stand in den westlichen Bundesländern 2051,40 Euro Rente monatlich. Davon werden 10,8 Prozent als Rentenabschlag abgezogen, sodass sich im Alter von 63 eine Bruttorente von 1829,85 Euro ergibt.

Lassen wir Rentenanpassungen außen vor, kommt unser Frührentner in den 36 Monaten bis Erreichen der Regelaltersgrenze (66 Jahre) alles in allem auf Rentenzahlungen von knapp 65875 Euro. Das Geld kann ihm keiner nehmen.

Ginge Clemens erst „termingetreu" mit 66 Jahren in Rente, käme er auf 64 Entgeltpunkte. Diese entsprechen nach derzeitigem Stand einer Monatsrente von 2188,16 Euro. Das bedeutet: Hätte er bis zur vorgesehenen Altersgrenze durchgearbeitet, wäre sein Rentenanspruch monatlich um 358,31 Euro höher als die Rente, die er aufgrund des frühzeitigen Rentenbeginns tatsächlich bekommt.

Fazit: Durch den vorzeitigen Rentenbeginn hat Clemens bis Erreichen der Regelaltersgrenze bereits rund 65 875 Euro Rente kassiert. Dafür wird seine Rente aber ab einem Alter von 66 Jahren um knapp 360 Euro niedriger sein, als bei Weiterarbeit möglich gewesen wäre. Dennoch: Lässt man mögliche Rentenanpassungen außen vor, dauert es knapp 184 Monate (umgerechnet etwas mehr als 15 Jahre), bis sich die höhere „pünktliche" Rente auszahlt.

Oder anders herum: Allein mit Blick auf die insgesamt von der Rentenkasse ausgezahlten Leistungen lohnt sich das Weiterarbeiten bis zur Regelaltersgrenze für Clemens erst, wenn er die dann höhere Rente mehr als 15 Jahre bezieht, also erst ab einem Alter von rund 81 Jahren.

Länger arbeiten als vorgesehen

Natürlich gibt es auch Menschen, die nicht vorzeitig in Rente gehen, sondern stattdessen möglichst lange im Berufsleben bleiben wollen. Auch das ist möglich: Es gibt keine Pflicht, bei Erreichen der Regelaltersgrenze in Rente zu gehen. Wer länger arbeitet, wird von der Rentenkasse belohnt: Für jeden Monat, den die Rente später als gesetzlich vorgesehen bezogen wird, erhalten Sie einen Rentenzuschlag von 0,5 Prozent. Beantragen Sie Ihre Altersrente also zum Beispiel mit 68 Jahren, obwohl Sie bereits mit 67 Jahren gehen dürfen, erhalten Sie einen Zuschlag von 6 Prozent (12 x 0,5 Prozent).

Ein „Zuschlag" – das mag zunächst attraktiv klingen. Aber ob sich der spätere Rentenantrag tatsächlich lohnt, ist fraglich. Denn wenn Sie Ihre Rente erst später als gesetzlich vorgesehen beziehen, entgehen Ihnen ja für diese Aufschubzeit schon Rentenzahlungen. Und je nach Rentenhöhe kann es ziemlich lange dauern, bis Sie diese entgangenen Leistungen durch die Belohnung von der Rentenkasse – die 0,5 Prozent für jeden aufgeschobenen Monat – eingeholt haben.

Beispiel: Horst wurde im Dezember 1955 geboren. Ihm steht mit 65 Jahren und neun Monaten die Regelaltersrente zu. Er könnte also ab dem 1. Oktober 2021 seine reguläre Altersrente von rund 1800 Euro beziehen. Sein Chef bietet ihm an, ein Jahr weiterzuarbeiten. Das Angebot will Horst annehmen und überlegt nun, ob er trotzdem seine Rente pünktlich beantragt oder ob er den Antrag erst ein Jahr später stellt – dann, wenn er tatsächlich aufhört zu arbeiten.

- **Variante 1:** Horst beantragt seine Rente bereits für Oktober 2021. Dann bekommt er die 1800 Euro brutto im Monat plus sein zusätzliches Gehalt. Da er die Regelaltersgrenze erreicht hat, darf er so viel verdienen, wie er will und kann, ohne dass seine Rente gekürzt wird. Für den Verdienst muss Horst in dem Alter eigentlich keine Beiträge zur Rentenversicherung mehr zahlen – er ist versicherungsfrei. Er kann seinem Arbeitgeber allerdings schriftlich mitteilen, dass er auf die Versicherungsfreiheit verzichtet, sodass er und sein Arbeitgeber doch für seinen Verdienst Rentenbeiträge leisten. Das hat einen

30 SEKUNDEN FAKTEN

1,4 MIO.

Männer und Frauen bezogen Ende 2019 eine „Altersrente für besonders langjährig Versicherte". Diese Rentenart wurde 2014 eingeführt und bietet die Möglichkeit, vorzeitig ohne Abschläge in den Ruhestand zu gehen.

814 000

Männer und knapp 600 000 Frauen erhalten diese vorgezogene Altersrente ohne Abschläge.

30 %

Von den Männern, die 2019 erstmals eine Altersrente bezogen, hatte sich ein knappes Drittel für die abschlagsfreie Frührente entschieden. Bei den Frauen waren es 22,3 Prozent.

Quelle: Deutsche Rentenversicherung

doppelten Vorteil: Zum einen erwirtschaftet Horst zusätzliche Rentenansprüche. Dieses Plus wird immer zum 1. Juli des Folgejahres wirksam. Außerdem erhält er für die im Extra-Jahr hinzugewonnenen Rentenansprüche von der Rentenkasse noch den Zuschlag von 0,5 Prozent pro Monat. Wir gehen in unserem Beispiel davon aus, dass Horst durch seine Weiterarbeit erst einmal 55 Euro mehr Rentenanspruch im Monat erwirtschaftet. Und für diese 55 Euro zahlt ihm der Rentenversicherungsträger noch sechs Prozent Zuschlag. All das sorgt dafür, dass Horst ab Oktober 2022 nicht mehr eine Monatsrente von 1800 Euro zusteht, sondern eine Rente von etwa 1858,30 Euro.

- **Variante 2:** Horst beantragt seine Rente erst zum 1. Oktober 2022. Ab dann kommt er auf einen Rentenanspruch von 1855 Euro brutto im Monat: die 1800 Euro Vollrente, die ihm bereits im Oktober 2021 zustanden, plus die im zusätzlichen Arbeitsjahr erzielten 55 Euro. Dabei bleibt es nicht, denn er erhält noch die „Belohnung“ der Rentenkasse dafür, dass er ein Jahr lang auf seine Rente verzichtet hat – zwölf Monate x 0,5 Prozent. Den Zuschlag erhält Horst dieses Mal nicht nur für die zuletzt erarbeiteten 55 Euro Monatsrente, sondern für seinen gesamten Rentenanspruch. Letztlich erhält er damit nach jetzigem Stand eine Bruttorente von 1966 Euro.

Meine Rente – mein Plan

So früh wie möglich, pünktlich oder etwas später? Sie müssen die Entscheidung über den Rentenbeginn nicht allein treffen. Holen Sie sich Unterstützung in einer Beratungsstelle der Rentenversicherung. Fragen Sie auch bei einem Steuerexperten nach. Je früher die erste Rente fließt, desto niedriger ist der steuerpflichtige Anteil (siehe „Netto statt brutto“, S. 124). Auch das kann je nach Ihrer Einkommenssituation Ihre Entscheidung über den Rentenbeginn beeinflussen.

- **Fazit:** Stellt Horst den Rentenantrag so, dass er pünktlich im Herbst 2021 seine Rente bekommt, erhält er im ersten Jahr 21 600 Euro Rente. Das Geld würde ihm entgehen, wenn er den Antrag erst ein Jahr später stellt – dann, wenn er tatsächlich aufhört zu arbeiten. Im Gegenzug hätte Horst beim Rentenstart in 2022 den Vorteil, dass er ab dann monatlich knapp 108 Euro mehr Rente erhält als wenn er schon 2021 das erste Geld bekommen hätte. Trotzdem würde es knapp 17 Jahre dauern, ehe Horst die 21 600 Euro rausgeholt hätte. Für ihn ist es also durchaus attraktiv, Rente und Job zu kombinieren.

Mehr rausholen: Freiwilliges Einzahlen als Chance

Wenn Sie aus freien Stücken in die Rentenkasse einzahlen, können Sie Ihre (Früh-)Rente erhöhen. Eventuell sichern Sie sich so überhaupt erst einen Rentenanspruch.

Können Sie im Ruhestand nicht nur auf Ihre gesetzliche Rente bauen, sondern haben Sie zusätzliche finanzielle Mittel, erleichtert das den Alltag und auch die Entscheidung für die Frührente. Vorhandene Ersparnisse können Sie zum Beispiel nutzen, um als Rentner regelmäßig einen Teil davon zu entnehmen und Alltagsausgaben zu decken.

Mit Ersparnissen können Sie aber auch noch deutlich vor Eintritt in den Ruhestand dafür sorgen, dass Ihre gesetzliche (Früh-)Rente höher ausfällt als bisher prognostiziert: wenn Sie das Geld für freiwillige Zahlungen an die Rentenkasse nutzen. Das kann sich lohnen!

Denn die Rendite der gesetzlichen Rentenversicherung kann sich – gerade im Vergleich zu den Renditen aus privaten Versicherungen – durchaus sehen lassen. Die Deutsche Rentenversicherung geht nach Modellrechnungen davon aus, dass die Rendite längerfristig bei 2 bis 3 Prozent liegt. Mögliche Auswirkungen der Corona-Pandemie wurden bei diesen Berechnungen allerdings noch nicht berücksichtigt.

→ Möglichkeiten der Geldanlage

Je nach persönlicher Einkommens- und Lebenssituation kommen weitere Formen der Altersvorsorge infrage. Unter „Die sichere Basis durch private Vorsorge ergänzen“ ab S. 75 stellen wir die Vor- und Nachteile der Produkte vor. Ab S. 112 erfahren Sie unter „Private Altersvorsorge rechtzeitig im Blick“, welche Aufgaben kurz vor Rentenbeginn rund um Ihre Investitionen auf Sie zukommen.

Wer darf freiwillig einzahlen?

So attraktiv es sein mag, mit zusätzlichen Beiträgen an die Rentenkasse die Leistungen im Alter zu erhöhen: Das Angebot kommt nicht für jeden infrage. Denn wer pflichtversichert in der gesetzlichen Rentenversicherung ist, darf nur unter bestimmten Voraussetzungen zusätzliche Geld einzahlen. Das gilt zum Beispiel für alle Angestellten und für Selbstständige mit einer versicherungspflichtigen Tätigkeit wie Hebammen oder Lehrer. Sie dürfen:

- **bis zu ihrem 45. Geburtstag** Rentenbeiträge für Schul- und Hochschulzeiten ab dem 16. Lebensjahr an die Rentenkasse nachzahlen. Wenn Sie noch keine 45 Jahre alt sind, sollten Sie sich bei der Rentenkasse erkundigen und ausrechnen lassen, welche Einzahlung in Ihrem Fall möglich ist.
- **Ab ihrem 50. Geburtstag** Sonderzahlungen leisten, um die möglichen Abschläge auszugleichen, die mit einem vorzeitigen Rentenbeginn verbunden wären – je nach Art der Rente 0,3 Prozent für jeden Monat der vorgezogenen Rentenzahlung.

Gerade die Zahlungen ab 50 können eine Menge bringen und attraktiv sein – vor allem in der derzeitigen Lage an den Zins- und Finanzmärkten. Der Clou: Im ersten Schritt leisten Sie die Sonderzahlung zwar, um mögliche Abschläge von der Frührente auszugleichen, aber das heißt nicht, dass Sie dann tatsächlich vorzeitig in Rente gehen müssen. Wenn Sie sich doch entschließen, bis zum gesetzlich vorgesehenen Alter weiterzuarbeiten, gehen die Ausgleichszahlungen nicht verloren, sondern erhöhen trotzdem Ihre Leistungsansprüche.

Wenn Sie freiwillig an die Rentenkasse zahlen, können Sie also nicht nur eine vorgezogene Altersrente erhöhen, sondern sich auch mehr Leistungen sichern für den Fall, dass Sie doch erst pünktlich zum gesetzlich vorgesehenen Zeitpunkt in Rente gehen.

Die Einzahlung zum Ausgleich von Abschlägen auf eine „Altersrente für langjährig Versicherte“ oder eine „Altersrente für schwerbehinderte Menschen“ ist möglich, wenn Sie voraussichtlich die dafür nötige Wartezeit von 35 Jahren erfüllen. Auf Antrag wird der Rentenversicherungsträger Ihnen ausrechnen, welche Zahlung möglich ist.

Achtung: Das Ergebnis der Rechnung wird eventuell erst einmal abschreckend erscheinen. Je nach Rentenhöhe und Höhe der auszugleichenden Abschläge kann sich ein Betrag von mehreren Zehntausend Euro ergeben. Doch keine Angst: Sie müssen nicht die gesamte Summe aufbringen – möglich ist auch, nur einen Teil der Summe zu zahlen. Dann gleichen Sie den möglichen Rentenabschlag allerdings nicht komplett aus. Außerdem müssen Sie das Geld nicht auf einen Schlag aufbringen: Möglich sind mehrere Zahlungen pro Jahr.

Beispiel: Pavel wurde im Januar 1964 geboren. Die Regelaltersrente steht dem heute 57-Jährigen damit erst im Alter von 67 Jahren zu. Er könnte also ab Februar 2031 regulär seine erste Rente beziehen. Er hat zuletzt immer rund 62000 Euro brutto im Jahr verdient, rund 50 Prozent mehr als der Durchschnitt.

Wenn er so weiter arbeitet und verdient wie jetzt, wird er zum regulären Rentenbeginn auf 57 Entgeltpunkte auf seinem Rentenkonto kommen. Das entspricht nach derzeitigem Stand einer Monatsrente von 1948,83 Euro.

Pavel kann sich allerdings vorstellen, vorzeitig im Alter von 63 Jahren die „Rente für langjährig Versicherte" zu beantragen, auch wenn er dafür Abschläge in Kauf nehmen muss. Um weiter planen zu können, beantragt er bei der Rentenkasse, dass sie ausrechnet, welche Ausgleichszahlungen nötig und möglich wären:

Sollte Pavel vorzeitig mit 63 in Rente gehen, zahlt er vier Jahre kürzer als eigentlich vorgesehen Rentenbeiträge ein. Bei seinem derzeitigen Verdienst entgehen ihm rund 6 Entgeltpunkte. Er käme nur auf rund 51 Entgeltpunkte auf seinem Rentenkonto oder umgerechnet 1743,69 Euro Monatsrente. Dabei bleibt es aber nicht: Für die vier Jahre oder 48 Monate vorgezogenen Rentenbeginn wird die Rentenkasse ihm 14,4 Prozent von den Leistungsansprüchen abziehen. Umgerechnet wären das 7,3 Entgeltpunkte oder knapp 250 Euro Monatsrente. Anstatt der möglichen 1949 Euro Monatsrente bei regulärem Start bleiben Pavel nur gut 1493 Euro Frührente. Es sei denn, er gleicht die Abschläge von 14,4 Prozent aus.

Welche Summe dafür nötig ist, hat die Rentenkasse anhand einer speziellen Formel ermittelt: Pavel darf die 7,3 Entgeltpunkte ausgleichen, die die Frührente an Abschlägen kosten würde. Diese 7,3 Punkte multipliziert die Rentenkasse mit dem aktuellen Durchschnittseinkommen (2021: 41541 Euro) sowie mit dem aktuellen Beitragssatz (18,6 Prozent). Das Ergebnis teilt sie durch die Zahl 0,856. Dieser Wert ergibt sich, weil Pavel einen Rentenabschlag von 14,4 Prozent ausgleichen möchte (1 – 0,144).

Ergebnis: Pavel kann mit freiwilligen Zahlungen von rund 65893 Euro die Abschläge der Rentenkasse für den vorzeitigen Auszahlungsbeginn ausgleichen. Das ist eine Menge Geld! Andererseits: Pavel hat in der Vergangenheit einiges gespart, und er erwartet eine Auszahlung aus der Kapitallebensversicherung. Da ihm finanzielle Sicherheit für das Alter wichtig ist, entscheidet er sich dafür, zusätzliches Geld auf sein Rentenkonto zu zahlen. Ob er dann wirklich mit 63 Jahren in Rente geht oder erst später, will er sich erst noch überlegen.

Meine Rente – mein Plan

Freiwillige Zahlungen sind für Angestellte und pflichtversicherte Selbstständige ab 50 möglich. Beantragen Sie die Berechnung der möglichen Ausgleichszahlungen so früh es geht. Je eher Sie dran sind, desto mehr Zeit bleibt, die ermittelte Summe zu splitten. Pro Jahr sind bis zu zwei Zahlungen möglich.

So viel mehr Rente ist drin

Die Stiftung Warentest hat 2020 für einzelne Beispiele ausgerechnet, wie sich die Rente erhöht, wenn Sie sich nach freiwilligen Sonderzahlungen gegen die Frührente und doch fürs Arbeiten bis zur Regelaltersgrenze entscheiden: Wer etwa mit 63 inklusive der Abschläge einen Rentenanspruch von 1500 Euro hätte und zum Ausgleich der Abschläge (14,4 Prozent) rund 65000 Euro an Sonderzahlungen leistet, erhöht nach derzeitigem Stand die Monatsrente um knapp 295 Euro, wenn er doch bis 67 arbeitet.

Läge die Frührente inklusive Abschlägen bei 2000 Euro im Monat und sollen Abschläge für zwei Jahre ausgeglichen werden? Dann sind Zahlungen von knapp 37000 Euro nötig. Sie würden – beim Weiterarbeiten bis zur Regaltersgrenze – ein Rentenplus von etwa 167 Euro im Monat bringen.

Achtung – Steuervorteil beachten!

Selbst wenn Sie gerade eine größere Summe zur Verfügung haben – beispielsweise aus einer Kapitallebensversicherung oder einer Erbschaft: Es lohnt sich, genau zu überlegen, wie viel von dem Geld Sie auf einen Schlag als Sonderzahlung an die Rentenkasse leisten. Denn überweisen Sie zu viel, verschenken Sie eventuell einen enormen Steuervorteil.

Das hat folgenden Hintergrund: Sie dürfen die freiwilligen Zahlungen an die Rentenkasse als Sonderausgaben in der Steuererklärung geltend machen – allerdings nicht unbegrenzt. Deshalb ist es meist sinnvoll, die Zahlungen zu splitten.

2021 werden Altersvorsorgebeiträge bis 25787 Euro berücksichtigt. Bis zu 92 Prozent davon – maximal 23725 Euro – wirken sich steuerlich aus. Für Ehepaare und eingetragene Lebenspartner gelten die doppelten Werte. Diese Grenze sollten Sie im Blick haben. Wichtig: Unter diese Förderhöchstgrenze fallen auch die Pflichtbeiträge, die Sie als Angestellter gemeinsam mit Ihrem Arbeitgeber an die Rentenkasse zahlen. Als Angestellter dürfen Sie also nicht bis zu 25787 Euro zusätzlich in der Steuererklärung geltend machen, sondern nur das, was nach Abzug der monatlich gezahlten Pflichtrentenbeiträge übrig bleibt.

Wenn Sie Ihre Einzahlungen aber genau planen und geschickt splitten, ist eine enorme Steuerersparnis möglich, wie sich am Beispiel von Sabrina zeigt, die ihre Steuererklärung für 2020 anfertigt:

Wenn Sie größere Summen auf einen Schlag einzahlen können und wollen, holen Sie sich unbedingt Unterstützung von einem Steuerexperten. Gehen Sie zum Steuerberater oder zu einem Lohnsteuerhilfeverein und lassen Sie sich ausrechnen, welche Einzahlungen steuerlich sinnvoll sind und was sie konkret bringen.

Beispiel: Sabrina hat im Jahr 2020 brutto 50 000 Euro verdient. Zusätzlich wurde ihr Geld aus einer Kapitallebensversicherung ausgezahlt, das sie in ihre gesetzliche Rente investieren wollte. Daraufhin hat die Rentenkasse ihr ausgerechnet, dass sie 44 916 Euro als Sonderzahlung leisten kann, um die Abschläge für eine Frührente ab 63 auszugleichen.

Um den Steuervorteil für ihre Einzahlungen bestmöglich zu nutzen, hat sie die Einzahlung gesplittet und 2020 nur 15 746 Euro eingezahlt. Hätte sie mehr eingezahlt, wäre sie über die 2020 geltende Förderhöchstgrenze gekommen. Denn zusammen mit den Pflichtbeiträgen für ihren Verdienst (50 000 Euro) kam sie nun auf 25 046 Euro Vorsorgebeiträge. Davon wirkten sich 2020 steuerlich 90 Prozent aus: 22 542 Euro.

Im Zuge der Steuererklärung hat das Finanzamt von dieser Summe die 4 650 Euro Pflichtbeiträge abgezogen, die Sabrinas Arbeitgeber gezahlt hat (9,3 Prozent von 50 000 Euro Jahresbrutto). Es verblieben 17 892 Euro, die das Finanzamt als Sonderausgaben berücksichtigt hat. Bei ihrem Einkommen konnte Sabrina dank der Sonderzahlung 4 790 Euro Steuern sparen.

Selbstständige rechnen anders

Selbstständige, die keine Pflichtbeiträge an die Rentenkasse zahlen, können jeden Monat bis zu 1 320 Euro an freiwilligen Beiträgen leisten, knapp 15 850 Euro im Jahr. Auch wenn sie nicht verpflichtet sind vorzusorgen, sollten sie es tun, um später nicht in die Altersarmut zu rutschen. Freiwillige Rentenbeiträge eignen sich dafür gut.

Für Selbstständige, die zum Beispiel aufgrund ihres Berufs pflichtversichert sind, gilt das, was auch für Angestellte gilt: Sie können mit freiwilligen Sonderzahlungen die Abschläge für einen vorzeitigen Rentenbeginn ausgleichen und so ihre monatlichen Leistungen im Alter erhöhen.

In Zukunft kann sich die Vorsorgesituation vieler Selbstständiger jedoch grundsätzlich ändern: Die Bundesregierung hat im Koalitionsvertrag vereinbart, eine „gründerfreundliche Vorsorgepflicht" für Selbstständige einzuführen, die bisher nicht verpflichtet sind. Bei Redaktionsschluss war das aber noch nicht gesetzlich festgeschrieben.

→ Als Frührentner freiwillig zahlen

Sie sind bereits in Frührente? Dann dürfen Sie noch freiwillige Rentenbeiträge leisten – bis zum Erreichen der Regelaltersgrenze. Die Höhe der Rente wird dann bei Erreichen der Altersgrenze neu berechnet.

Mit freiwilligen Beiträgen den Rentenanspruch sichern

Manchmal können freiwillige Zahlungen an die gesetzliche Rentenversicherung auch helfen, sich überhaupt erst einen Rentenanspruch zu sichern. Das kann zum Beispiel für Hausfrauen interessant sein, die nur für kurze Zeit in die Rentenkasse eingezahlt haben, oder auch für Angehörige der kammerfähigen Berufe wie Ärzte oder Rechtsanwälte, die über ein berufsständisches Versorgungswerk für das Alter vorsorgen.

Doch warum sollten sie sich zusätzlich eine gesetzliche Rente sichern?

Dafür gibt es gute Gründe – zum Beispiel, weil durch die freiwilligen Einzahlungen Rentenzeiten aus früheren Jahren genutzt werden können und einen Wert bekommen.

Beispiel: Janine ist Rechtsanwältin. Vor dem Studium hat sie eine dreijährige Ausbildung bei einer Bank absolviert. Im Studium hatte sie für ein halbes Jahr einen sozialversicherungspflichtigen Bürojob. Nach dem Examen ist sie Mitglied im Versorgungswerk der Rechtsanwälte geworden.

Durch ihre Ausbildung und ihren Studentenjob kommt Janine auf dreieinhalb Versicherungsjahre in der gesetzlichen Rentenversicherung. Für eine gesetzliche Altersrente reicht das noch nicht. Deshalb könnte sie bei der Rentenkasse beantragen, dass ihre früher geleisteten Rentenbeiträge zurückerstattet werden. Oder sie entscheidet sich, freiwillige Rentenbeiträge für die fehlende Versicherungszeit von 18 Monaten zu zahlen. Es reicht schon, wenn sie monatlich den freiwilligen Mindestbeitrag leistet. Er liegt 2021 bei 83,70 Euro im Monat. Sie müsste also über 18 Monate verteilt insgesamt knapp 1507 Euro zahlen, um Anspruch auf eine gesetzliche Altersrente zu haben. Zugegeben, diese Altersrente wird nicht sehr hoch ausfallen. Angenommen, Janine kommt aus ihrer Ausbildungszeit, aus ihrem Studentenjob und aus den freiwilligen Rentenbeiträgen insgesamt auf 2,9 Entgeltpunkte. Dann steht ihr nach derzeitigem Stand eine Altersrente von gerade einmal 99 Euro im Monat zu. Andererseits: Wenn sie diese Rente für 16 Monate bezieht, hat sie ihre Einzahlung von 1507 Euro wieder heraus. Je länger sie die Rente bezieht, desto mehr rentiert sich die freiwillige Zahlung.

Hätte Janine Kinder, könnte sie sich die Zahlung freiwilliger Beiträge sparen. Denn dann könnte sie bei der Rentenkasse beantragen, dass ihr die Kindererziehungszeiten für ihr Rentenkonto gutgeschrieben werden (siehe „Eine Chance für Mitglieder im Versorgungswerk", S. 70). So käme sie auch ohne die freiwilligen Beiträge auf die geforderten fünf Versicherungsjahre.

Mit freiwilligen Beiträgen Sozialabgaben im Alter drücken

Ein weiterer Grund, warum sich die freiwilligen Rentenbeiträge gerade für Mitglieder eines berufsständischen Versorgungswerks lohnen können, klingt erst einmal kurios: Wenn Sie freiwillig an die Rentenkasse zahlen und sich so den Anspruch auf eine Rente sichern, können Sie eventuell Ihre Sozialabgaben im Ruhestand deutlich drücken.

Wie kann das sein? Die Antwort hat mit der Frage zu tun, wie Sie im Ruhestand krankenversichert sind. Hintergrund: Wenn Sie heute und auch zum Ende des Berufslebens gesetzlich krankenversichert sind, werden Sie es auch im Ruhestand sein. Entweder sind Sie dann pflichtversichert oder freiwillig versichert in einer gesetzlichen Krankenkasse. Auch wenn es der Name nicht vermuten lässt: Die Pflichtversicherung ist meist günstiger. Denn Rentner, die freiwillig gesetzlich krankenversichert sind, müssen für mehr Einkommensarten Beiträge zur Kranken- und Pflegeversicherung leisten.

Freiwillig Versicherte zahlen im Alter zum Beispiel für Miet- und Kapitaleinkünfte Beiträge oder auch für die Auszahlungen aus Riester- und Rürup-Renten. Pflichtversicherte Rentner müssen dagegen für diese Einkunftsarten keine Beiträge leisten. Und genau das kann der Knackpunkt sein, warum Sie als Mitglied eines Versorgungswerks handeln sollten, wenn Sie gesetzlich krankenversichert sind: Denn wenn Sie im Alter keinen Anspruch auf eine gesetzliche Rente haben, können Sie sich im Alter nur „freiwillig gesetzlich" krankenversichern. Haben Sie hingegen Anspruch auf eine gesetzliche Rente, rutschen Sie in die günstigere Pflichtversicherung.

Die Folge: Sie müssen nur für Ihre Rente aus dem Versorgungswerk, für die gesetzliche Altersrente und eine mögliche Betriebsrente Beiträge zur Kranken- und Pflegeversicherung zahlen, nicht aber für Nebeneinkünfte und private Zusatzrenten. Für diesen Vorteil können sich die vorab freiwillig gezahlten Rentenbeiträge umso mehr lohnen.

Flexi-Rente und Alternativen für den gleitenden Übergang

Vielleicht hätten Sie gern endlich mehr Zeit, haben aber Angst, mit dem Geld als (Früh-)Rentner nicht hinzukommen. Wie wäre es, nicht gleich ganz aus dem Berufsleben auszusteigen?

→ **Für viele ist die Sache klar:** Wenn sie aus dem Job aussteigen, dann richtig. Von der Vollzeitstelle auf null – und das so früh wie möglich. Schön, wenn auch Sie sich Ihrer Sache sicher sind und wissen, dass Sie sich den zeitigen Ausstieg finanziell leisten können. Doch so einfach ist es nicht immer.

Vielleicht sieht Ihre Situation so aus: Sie sind etwas über 60, arbeiten Vollzeit, doch richtig glücklich sind Sie in Ihrem Job nicht mehr. Eine Frührente – mit oder ohne Abschläge – können Sie sich deshalb gut vorstellen. Doch ein bisschen mehr finanzielle Flexibilität wäre schon schön, schließlich müssen noch wichtige Arbeiten am Haus finanziert werden. Und wenn Sie schon Zeit haben, wollen Sie diese auch mit schönen Dingen genießen, und die kosten nun mal Geld.

In einem solchen Fall sollten Sie über Alternativen zum Komplettausstieg nachdenken, zum Beispiel:

- Sie gehen schon in Rente, arbeiten aber nebenbei weiter.
- Sie gehen noch nicht in Rente, reduzieren aber Ihre Arbeitsstunden.
- Sie vereinbaren mit Ihrem Arbeitgeber Altersteilzeit.

In Rente gehen – aber mit Nebenjob

Um den radikalen Schnitt – vom Job in den kompletten Ruhestand – zu vermeiden, ist es eine Lösung, Rente und Nebenjob sinnvoll zu kombinieren. Sie haben deutlich mehr Zeit als vorher, bessern aber trotzdem noch Ihr Konto auf.

Die gute Nachricht: Die Möglichkeiten, neben der vorzeitigen Rente zu arbeiten, ohne dass aufgrund des Verdienstes die Auszahlung gekürzt wird, sind vor einigen Jahren durch das Flexi-Rentengesetz deutlich ausgeweitet worden. Seither dürfen Frührentner bis zu 6 300 Euro im Jahr verdienen, ohne dass sie eine Kürzung ihrer Altersrente fürchten müssen. Durch den Ausbruch der Corona-Pandemie wurde diese Grenze für das Jahr 2020 deutlich auf knapp 45 000 Euro angehoben. 2021 liegt die Verdienstgrenze bei 46 060 Euro.

Verdienen Sie oberhalb dieser Grenze, wird Ihre Rente allerdings anteilig gekürzt. Die genauen Regelungen lesen Sie ausführlich im Kapitel „Rente plus Job“, S. 141.

→ Brutto und netto beachten!

So attraktiv die Zuverdienstgrenze von 6 300 Euro oder in Corona-Zeiten sogar mehr als 45 000 Euro auf den ersten Blick erscheinen mag: Ein Verdienst von mehr als 450 Euro im Monat lohnt sich trotz dieser Regelung finanziell nicht unbedingt. Denn wenn Sie regelmäßig mehr verdienen, müssen Sie Steuern und Sozialabgaben zahlen (siehe „Viel arbeiten lohnt nicht immer“, S. 144). Lassen Sie sich vor Antritt des Jobs ausrechnen, wie viel Geld Ihnen tatsächlich netto bleibt.

Weiter im Job mit weniger Stunden

Ihr Finanzcheck hat ergeben, dass Sie sich die Frührente nicht leisten können – zum Beispiel, weil die monatlichen Abschläge auf Dauer einfach zu hoch sind? Auf der anderen Seite wünschen Sie sich mehr Zeit oder etwas weniger beruflichen Druck?

Ein Ausweg aus dieser Zwickmühle kann sein, dass Sie – ohne Rentenantrag – weiterarbeiten, aber Ihre Arbeitsstunden reduzieren. Arbeitnehmer haben per Gesetz einen Anspruch auf Teilzeitarbeit, wenn ihr Arbeitgeber mehr als 15 Beschäftigte hat und sie selbst seit mindestens einem halben Jahr im Betrieb tätig sind. Ihr Arbeitgeber kann Ihnen den Wunsch auf Teilzeit nur verweigern, wenn betriebliche Gründe dagegen sprechen, wenn zum Beispiel zu hohe Kosten damit verbunden wären, die frei werdenden Stunden anderweitig zu vergeben.

Entscheiden Sie sich für diesen Weg und verzichten Sie somit noch auf die erste Rentenzahlung, hat das den Vorteil, dass Sie mögliche Abschläge für Frührentner umgehen oder zumindest geringer halten. Zudem beziehen Sie weiter ein Gehalt, das je nach vereinbarter Arbeitszeit immer noch deutlich über der späteren Rente liegen kann. Und Sie sammeln weitere Rentenansprüche, sodass Ihnen beim endgültigen Rentenbeginn eine höhere Leistung zusteht.

Wenn Sie weniger als bisher verdienen und entsprechend weniger Beiträge an die Rentenkasse fließen, werden Sie natürlich in der nächsten Zeit weniger Rentenansprüche aufbauen, als bei weiterer Vollzeitbeschäftigung möglich gewesen wäre. Diese Einbußen sind aber nicht ganz so groß – gerade wenn die Teilzeitphase nicht allzu lang ist.

Beispiel: Renate ist 63 Jahre alt und arbeitet in einer Spedition. Ihr Mann ist gerade Rentner geworden. Nun vereinbart Renate mit ihrem Chef, dass sie künftig nur noch 30 anstatt 40 Stunden arbeiten möchte – dann hat sie zumindest einen Tag pro Woche frei und kann an einem zweiten am frühen Nachmittag nach Hause gehen und so mehr Zeit mit ihrem Mann verbringen.

Angenommen, Renate hat bisher 4400 Euro brutto und in Steuerklasse IV etwa 2750 Euro netto monatlich verdient. Reduziert sie nun ihre Arbeitsstunden auf eine Dreiviertelstelle, bleiben ihr brutto 3300 Euro, netto rund 2170 Euro monatlich. Ihr stehen netto also etwa 580 Euro weniger zur Verfügung als vorher.

Meine Rente – mein Plan

Wenn Sie etwas an Ihrer Arbeitszeit ändern wollen, lassen Sie sich von der Personalstelle ausrechnen, was netto je nach Bruttogehalt übrig bleibt. Einige Krankenkassen bieten im Internet einen Gehaltsrechner an. Nutzen Sie diesen, um zumindest grob zu ermitteln, was Ihnen netto zur Verfügung steht. Oder lassen Sie sich einen Termin zur Beratung bei der Deutschen Rentenversicherung geben. Wenn Sie zum Beispiel sowieso wissen möchten, ab wann eine Frührente zu welchen Bedingungen möglich ist, können Sie auch gleich klären, wie viel Renteneinbußen Ihnen eine Teilzeitstelle in den kommenden Jahren bringen würde.

Auf ihre eigene Rente wirkt sich die verkürzte Arbeitszeit so aus: Bisher hat Renate knapp 40 Prozent über dem Durchschnitt aller Beitragszahler in der gesetzlichen Rentenversicherung verdient. Sie hat zuletzt 1,4 Entgeltpunkte pro Jahr gesammelt. Mit der reduzierten Stundenzahl verdient sie nur noch knapp 5 Prozent über dem Durchschnitt.

Bleibt es in den kommenden Jahren dabei, dass sie immer 5 Prozent über dem Schnitt verdient, sammelt sie bis zu ihrem 66. Geburtstag – dem für sie gesetzlich vorgesehenen Beginn der Regelaltersrente – 3,15 Entgeltpunkte. Hätte sie weitergearbeitet wie vorher, hätte sie in den verbleibenden 3 Jahren 4,2 Punkte sammeln können. Durch die verkürzte Arbeitszeit sammelt sie also bis Rentenbeginn rund 1,05 Entgeltpunkte weniger. Nach jetzigem Stand bringt ihr die reduzierte Arbeitszeit somit Einbußen von etwa 36 Euro im Monat.

Altersteilzeit vereinbaren

Renate aus dem vorherigen Beispiel hat mit ihrem Arbeitgeber frei über die reduzierten Arbeitsstunden verhandelt. Eine besondere Form der reduzierten Arbeitszeit sind konkrete Altersteilzeitregelungen mit Ihrem Arbeitgeber. Bis Ende 2009 hat die Arbeitsagentur solche Vereinbarungen finanziell unterstützt, wenn der Arbeitgeber den frei werdenden Arbeitsplatz mit einem Arbeitslosen oder einem zuvor Ausgebildeten besetzt hat. Diese Förderung gibt es zwar für neu abzuschließende Altersteilzeitregelungen nicht mehr, trotzdem ist es in vielen Branchen und Unternehmen noch möglich, Altersteilzeit zu vereinbaren.

Das Konzept dahinter: Sie reduzieren Ihre Stundenzahl auf die Hälfte, sodass Ihr Bruttogehalt niedriger ausfällt. Allerdings zahlt der Arbeitgeber nicht nur die Hälfte Ihres Gehalts, sondern stockt es um mindestens 20 Prozent des Bruttolohns auf, sodass sich das finanzielle Minus für Sie in Grenzen hält.

Die Altersteilzeitregelung sieht dann zum Beispiel so aus: Für drei Jahre arbeiten Sie Vollzeit weiter, erhalten dafür aber weniger Gehalt. In den folgenden drei Jahren bleiben Sie bereits zu Hause, bekommen dieses Gehalt aber weiter. Solange das Gehalt fließt, bleiben Sie Arbeitnehmer und müssen weiter Beiträge zur Sozialversicherung zahlen.

Natürlich werden Sie durch eine Altersteilzeit und die Halbierung Ihrer Arbeitszeit Einbußen bei Gehalt und Rente haben. Doch diese sind häufig geringer, als Sie vielleicht fürchten:

- **Netto** bleibt trotz halbierter Arbeitszeit deutlich mehr als die Hälfte des bisherigen Gehalts übrig. Ein Grund ist, dass Sie für das niedrigere Einkommen im Verhältnis weniger Steuern zahlen müssen. Hinzu kommt, dass der Arbeitgeber Ihren Bruttoverdienst aufstocken muss. All das sorgt dafür, dass es je nach Branche und Tarifvereinbarung sogar sein kann, dass auf dem Konto des Altersteilzeitlers trotz halbierter Arbeitszeit letztlich weit mehr als 80 Prozent des früheren Nettogehalts landen.

- **Auch bei der Rente** halten sich die Einbußen in Grenzen. Aus dem Altersteilzeitgesetz geht hervor, dass der Arbeitgeber die Rentenbeiträge für den Arbeitnehmer teils deutlich aufstocken muss.

Eine Altersteilzeitregelung ist übrigens auch möglich, wenn Sie vorher keinen Vollzeit-, sondern lediglich einen Teilzeitjob hatten. Entscheidende Voraussetzung ist, dass Sie während der Altersteilzeit trotz halbierter Stundenzahl noch auf mindestens 15 Arbeitsstunden pro Woche kommen. Der Verdienst muss über 450 Euro im Monat liegen.

Ein besonders niedriges Einkommen während der Altersteilzeit kann jedoch zum finanziellen Risiko werden, etwa, wenn Sie länger erkranken. Sollten Sie aus gesundheitlichen Gründen für mehr als sechs Wochen im Job ausfallen, wird Ihre gesetzliche Krankenkasse Ihnen ab dem 43. Krankheitstag zwar ein Krankengeld zahlen. Doch das richtet sich nach der Höhe des aktuellen Monatsgehalts und wird bei niedrigem Einkommen eher gering ausfallen.

Deshalb: Wenn Sie etwa aufgrund von Vorerkrankungen fürchten, dass ein längerer Arbeitsausfall eintreten könnte, überlegen Sie sich gut, ob die Altersteilzeit zu Ihren finanziellen Möglichkeiten passt.

→ Nebenjob zur Altersteilzeit möglich

Stellen Sie während der Altersteilzeit fest, dass Sie mit dem reduzierten Einkommen finanziell doch nicht klarkommen, ist es erlaubt, dass Sie nebenbei einen Job annehmen. Bevor Sie das tun, sollten Sie allerdings in Ihren bestehenden Arbeitsvertrag schauen. Es kann sein, dass dort vereinbart wurde, dass Sie sich die Nebentätigkeit von Ihrem Arbeitgeber genehmigen lassen müssen oder dass Sie regelmäßig nicht mehr als 450 Euro im Monat nebenbei verdienen dürfen.

Rechnen Sie vor Beginn der Altersteilzeit genau aus, wann sie enden soll beziehungsweise wie lange die Phase dauern muss, damit Sie anschließend die gewünschte Form der Altersrente bekommen können – mit Rentenabschlägen oder ohne.

Doch auch wenn Sie ursprünglich den Zeitplan für die Altersteilzeit auf einen Rentenbeginn mit 63 ausgerichtet haben, bleiben Sie hier flexibel: Sie müssen nicht gleich nach Ende der Altersteilzeit in den Ruhestand gehen. Bekommen Sie zum Beispiel noch ein interessantes Angebot für eine andere Stelle, hindert Sie nichts daran, diese anzunehmen und den Rentenbeginn nach hinten zu schieben. Dann sammeln Sie weiter Entgeltpunkte für Ihr Rentenkonto und erhöhen Ihre Leistungsansprüche.

Bereit zum Absprung

Noch stehen Sie im Berufsleben, aber Sie wissen, dass in etwa einem Jahr Schluss sein soll? Gerade in diesem letzten Jahr vor Rentenbeginn warten einige wichtige Aufgaben auf Sie: damit Sie pünktlich Ihre erste gesetzliche Rente erhalten und die nötige finanzielle und rechtliche Klarheit für den neuen Lebensabschnitt haben.

Noch zwölf Monate bis Rentenbeginn – zunächst mag es Ihnen wie eine Ewigkeit erscheinen, doch plötzlich sind es nur noch sechs Monate, dann drei: Allerspätestens jetzt ist es Zeit, einige wichtige Vorbereitungen für den Start Ihres Ruhestands zu treffen. Denn Ihre erste Rente erhalten Sie nicht automatisch, sondern nur auf Antrag. Den sollten Sie etwa ein Vierteljahr vor dem gewünschten Rentenbeginn stellen, um sicherzugehen, dass das Geld tatsächlich pünktlich auf Ihrem Konto ist.

Auch wenn Sie weitere Vorsorgeverträge haben, dürften sich spätestens in den letzten Monaten vor Auszahlung der Leistungen einige Aufgaben ergeben.

Wenn Sie gerade dabei sind, Formulare auszufüllen, Unterlagen für Versicherer zusammenzustellen und Kontodaten zu verschicken: Wäre es jetzt nicht auch eine gute Gelegenheit, in weiteren Fragen Klarheit zu schaffen? Haben Sie beispielsweise eine Vorsorgevollmacht, aus der hervorgeht, wer für Sie entscheidet, wenn Sie es aus gesundheitlichen Gründen nicht mehr selbst können? Wissen Ihre Angehörigen, welchen medizinischen Behandlungen Sie im Ernstfall zustimmen und welchen nicht?

Sie und Ihre Familie profitieren, wenn solche Fragen beantwortet sind und der Ordner mit den wichtigsten Formularen auf dem neuesten Stand ist.

Rente gibt es nur auf Antrag

Lassen Sie sich vom Antragsformular nicht abschrecken: Holen Sie sich in einer Beratungsstelle der Rentenkasse Hilfe beim Ausfüllen.

Egal, ob Sie zum gesetzlich vorgesehenen Zeitpunkt in den Ruhestand gehen wollen oder früher oder später: Wenn Sie wissen, ab wann die Rente fließen soll, stellen Sie den Antrag am besten etwa drei Monate vor dem geplanten Termin, damit die erste Zahlung pünktlich ankommt.

Es empfiehlt sich allerdings, schon vorher – spätestens etwa ein Jahr vor Rentenbeginn – zu prüfen, ob auf Ihrem Versicherungskonto alle Zeiten Ihres Erwerbslebens richtig verbucht sind. Nutzen Sie dafür die Renteninformationen und -auskünfte, die Sie erhalten haben. Ist der Versicherungsverlauf nicht vollständig, beantragen Sie beim Rentenversicherer ein Kontenklärungsverfahren. Es kann unter Umständen einige Monate dauern und die Rentenzahlung eventuell verzögern.

Fristen beachten

Sind Sie mit dem Rentenantrag spät dran, bleibt dies zumindest im ersten Moment noch ohne finanzielle Folgen, denn die Rente kann nach dem Antrag auch rückwirkend gezahlt werden. Zu viel Zeit sollten Sie sich aber nicht lassen, denn sonst büßen Sie Leistungen ein. Stellen Sie Ihren Rentenantrag spätestens drei Monate, nachdem alle Voraussetzungen für den Beginn der gewünschten Rente erfüllt sind. Reichen Sie den Antrag erst nach Ablauf dieser Frist ein, bekommen Sie Ihr Geld erst ab dem Antragsmonat. Um sicherzugehen, sollten Sie also wie im folgenden Beispiel handeln.

Beispiel: Sofia erreicht am 20. Mai die Altersgrenze, ihre erste Rente soll ab Juni fließen. Dann könnte sie auch noch im August ihren Antrag beim Rentenversicherer einreichen und rückwirkend ab dem 1. Juni wie gewünscht ihre Rente bekommen. Beantragt sie sie aber erst im September, erhält sie die Rente auch erst ab September.

Am besten mit offiziellem Antragsformular

Es ist zwar keine Pflicht, doch am einfachsten ist es, wenn Sie Ihre Altersrente mit dem offiziellen Antragsformular beantragen. Sie bekommen es in den Beratungsstellen der Rentenversicherung oder können es sich nach einem Anruf bei der kostenlosen Service-Hotline (Tel. 0800 1 0004800) zuschicken lassen.

Der offizielle Rentenantrag (Formular R100) sieht erst einmal abschreckend aus –

26 Seiten sind auszufüllen. Doch es ist alles weniger schlimm, als es scheint.

Gut dran sind diejenigen, die vorgearbeitet haben – ihre Renteninformationen samt Versicherungsverlauf vorab kontrolliert haben oder ein Kontenklärungsverfahren bei der Rentenversicherung durchführen ließen. In dem Fall müssen Sie bei vielen Fragen nur dann Angaben machen, wenn es noch Versicherungszeiten gibt, die bisher nicht von der Rentenversicherung berücksichtigt wurden. Um einige Angaben, etwa zur Person, zur Bankverbindung oder zur Krankenkasse, kommen Sie aber auch dann nicht herum. Doch keine Angst: Niemand muss den Rentenantrag allein ausfüllen. Jeder Versicherte kann sich zum Beispiel einen Termin in der Sprechstunde der Deutschen Rentenversicherung geben lassen, sodass die Mitarbeiter dort alle erforderlichen Daten aufnehmen.

Weitere Informationen und Ausfüllhilfen bietet die Broschüre der Deutschen Rentenversicherung „Ihr Rentenantrag – so geht's". Sie finden sie zum kostenlosen Download unter deutsche-rentenversicherung.de in der Rubrik „Services" unter „Broschüren". Dort sind auch Adressen von Beratungsstellen aufgelistet.

Es ist möglich, den Antrag online zu stellen. Wenn Sie allerdings in eine Beratungsstelle gehen, haben Sie gleich Unterstützung, und der Berater kann alle Unterlagen kopieren, die zusammen mit dem Rentenantrag eingereicht werden müssen.

→ Wartezeiten einkalkulieren

Wenn Sie die Hilfe der Beratungsstelle wünschen, melden Sie sich dort frühzeitig. Je nach Region kann es sein, dass Sie einige Wochen auf einen Beratungstermin, der Ihnen zeitlich passt, warten müssen. Planen Sie das mit ein.

Zusammen mit dem Rentenantrag müssen Sie eine Geburtsurkunde einreichen. Falls Sie arbeitslos sind, benötigen Sie zudem eine Bescheinigung über die Leistungen der Arbeitsagentur. Wollen Sie die Altersrente für schwerbehinderte Menschen beantragen, müssen Sie eine Kopie Ihres Schwerbehindertenausweises beilegen.

Wenn Sie noch berufstätig sind, benötigen Sie außerdem von Ihrem Arbeitgeber eine sogenannte Entgeltvorausbescheinigung. Daraus geht hervor, wie hoch Ihr Einkommen in den letzten Monaten bis Rentenbeginn sein wird. Diese Bescheinigung kann der Arbeitgeber für bis zu drei Monate im Voraus ausstellen. Anhand dieser Information rechnet der Rentenversicherer dann Ihre Leistungsansprüche hoch, und Sie verlieren keine Zeit, sodass die Rente tatsächlich pünktlich fließen kann.

Es klingt zwar bequem, doch es ist nicht unbedingt die beste Lösung, die Ansprüche hochrechnen zu lassen. Denn sollte das Einkommen in den verbleibenden Wochen bis zum tatsächlichen Ausstieg aus dem Job doch höher sein als zunächst erwartet, etwa weil Ihnen der Arbeitgeber noch einen Bonus oder eine Prämie zahlt, wird dieses Plus bei der Rente nicht mehr berücksichtigt.

Erwarten Sie noch Extra-Geld vom Chef, verzichten Sie lieber auf die Hochrechnung Ihres Einkommens.

Deshalb gilt: Wenn Sie davon ausgehen, dass es noch Extra-Geld vom Chef geben könnte, kreuzen Sie zur Sicherheit im Rentenantrag an, dass auf die Hochrechnung des Einkommens verzichtet werden soll.

Ihr Vorteil: Der Rentenversicherer ermittelt den endgültigen Rentenanspruch erst, wenn er von Ihrem Arbeitgeber nach Ausscheiden aus dem Job die abschließenden Informationen über das tatsächliche Einkommen hat. So gehen Sie sicher, dass alle Einnahmen auf die Rentenansprüche angerechnet werden. Kleiner Nachteil: Es kann sein, dass die erste Rente mit einigen Tagen Verspätung ausgezahlt wird. Doch dafür fällt sie eben ein bisschen höher aus – und den höheren Anspruch haben Sie auf Dauer.

Private Altersvorsorge rechtzeitig im Blick

Bei privaten Vorsorgeverträgen stehen vor Rentenbeginn einige Entscheidungen an. Auch Bankkonten, Depotunterlagen und Sparbücher sollten Sie sich ansehen.

Mit dem Ausscheiden aus dem Job und dem Start der gesetzlichen Rentenzahlung soll meist auch das Geld aus privaten Vorsorgeverträgen zur Verfügung stehen. Allerdings ist das nicht zwingend notwendig. Beispiel Betriebsrente: Sie kann parallel zur gesetzlichen Rente starten, aber auch später.

Entscheidend ist, was im Betriebsrentenvertrag als Laufzeit vereinbart ist. Wenn dort als Endalter 65 Jahre angegeben ist, kann es zwar je nach Vertrag möglich sein, dass Sie Ihre Betriebsrente schon ab 63 Jahren ausgezahlt bekommen, doch dann müssen Sie häufig Abschläge von der Leistung in Kauf nehmen. Letztlich kann es sich deshalb

Meine Rente – mein Plan

Über den Stand Ihrer Versorgungsansprüche werden Sie im Normalfall regelmäßig informiert. Ist etwas unklar oder haben Sie beispielsweise vor, die Auszahlung der Betriebsrente nicht gleichzeitig mit dem Jobausstieg starten zu lassen, sprechen Sie etwa ein halbes Jahr vor dem geplanten Ausstieg mit Ihrem Arbeitgeber. Nehmen Sie auch Kontakt zu früheren Arbeitgebern auf, wenn Sie dort Versorgungsansprüche haben. Der Arbeitgeber muss nicht von sich aus auf Sie zukommen.

zum Beispiel beim Wunsch nach einem vorzeitigen Ruhestand lohnen, zwar die gesetzliche Rente vorzeitig ab 63 Jahren zu beziehen, mit der Auszahlung der betrieblichen Vorsorge aber noch bis zum vertraglich vereinbarten Laufzeitende zu warten.

Riester und private Versicherungen

Haben Sie einen Riester-Vertrag, eine private Renten- oder eine Kapitallebensversicherung abgeschlossen, bekommen Sie spätestens kurz vor dem vertraglich vereinbarten Auszahlungsbeginn Post von Ihrem Anbieter. Je nach Vertrag werden bestimmte Daten und Entscheidungen abgefragt. Sie werden unter anderem Ihre aktuellen Kontodaten nennen müssen. Haben Sie eine Rentenversicherung mit Kapitalwahlrecht, müssen Sie vor Beginn der Auszahlung entscheiden, ob Sie eine monatliche Rente beziehen oder das ganze Kapital auf einen Schlag zur Verfügung haben möchten.

Auch als Riester-Kunde müssen Sie entscheiden, ob Sie einen Teil des Geldes – erlaubt sind bis zu 30 Prozent der Ersparnisse – auf einmal entnehmen wollen.

Wenn Sie einen Riester-Banksparplan haben, müssen Sie wählen, ob Sie Ihr Vermögen gleich als Sofortrente aus einer Versicherung bekommen oder ob Sie Ihr Geld über einen Auszahlplan entnehmen wollen.

→ Police über die Jahre verloren?

Als Kunde mit einer Kapitallebensversicherung werden Sie in der Regel aufgefordert, auch Ihren Versicherungsschein, die Police, an den Versicherer zu schicken. Keine Sorge: Auch wenn Sie die Police nicht finden können, bekommen Sie Ihr Geld. Sie müssen dann eine Verlustanzeige des Versicherers ausfüllen, die ursprüngliche Police wird ungültig.

Von Ersparnissen leben

Neben den Leistungen aus länger laufenden Vorsorgeverträgen werden viele Menschen zum Ende des Berufslebens auf Ersparnisse zugreifen können – etwa auf Geld, das in sicheren Sparanlagen steckt, oder auch auf

Vermögen, das in Wertpapieren angelegt ist. Jetzt kommt es darauf an, was Sie mit diesem Geld anstellen wollen oder müssen.

Benötigen Sie es zwingend zu Ruhestandsbeginn, um sich daraus beispielsweise eine regelmäßige Zusatzeinnahme zu sichern? Oder sind Sie finanziell so flexibel, dass Sie nicht zu einem bestimmten Tag X auf das Geld zugreifen müssen? Steckt Ihr Geld beispielsweise noch in etwas riskanteren Investments wie Aktienfonds, doch Ihr persönlicher Finanzcheck ergibt, dass Sie noch eine sichere Zusatzeinnahme benötigen? Dann sollten Sie in der nächsten Zeit die Situation an den Börsen beobachten und Ihr Geld möglichst zu einem günstigen Zeitpunkt in Sicherheit bringen.

Um im Alter mehr sichere Einnahmen zur Verfügung zu haben, klären Sie, ob noch eine freiwillige Sonderzahlung an die Rentenkasse infrage kommt (siehe „Mehr rausholen“, S. 97).

Eine Alternative für die sichere Zusatzeinnahme im Alter kann eine private Rentenversicherung mit Sofortrente sein. In dem Fall zahlen Sie eine größere Summe, die Sie bereits angespart haben, an den Versicherer, und dieser zahlt Ihnen eine lebenslange Rente. Diese Renten sind jedoch nicht überragend. Ein Vertragsabschluss lohnt sich nur bedingt, wie Untersuchungen von Finanztest aus früheren Jahren bestätigen (siehe test.de, Suchwort: „Sofortrente“).

Grundsätzlich hat die Sofortrente einige Schwächen: zum Beispiel, dass die garantierten Renditen sehr gering sind und dass mit dem Vertragsabschluss einige Kosten verbunden sind. Infolgedessen wird es viele Jahre dauern, bis Sie Ihre Einzahlung tatsächlich wieder herausgeholt haben.

Wenn Sie finanziell etwas flexibler sind und aus Ihren bisherigen Ersparnissen keine weitere, sichere regelmäßige Zusatzeinnahme benötigen, kann auch im Ruhestand ein Fondsinvestment infrage kommen.

„Für das Fondsinvestment eignen sich börsengehandelte Indexfonds auf einen breit streuenden Aktienindex.

Möglich wäre, dass Sie zum Beispiel einen Teil Ihrer Ersparnisse in Fonds investieren oder in bereits erworbenen Fonds-Anteilen liegen lassen und einen anderen Teil sicher als Tagesgeld anlegen. So können Sie auf der einen Seite von einer positiven Entwicklung an den Börsen profitieren und regelmäßig Geld davon entnehmen. Gleichzeitig dient das Tagesgeld als Sicherheitspuffer.

Für das Fondsinvestment im Ruhestand wie im Berufsleben eignen sich börsengehandelte Indexfonds (ETF – Exchange Traded Funds) auf einen breit streuenden Aktienindex besonders. Mit dem Investment sind je nach Lage an den Börsen Verluste möglich. Doch wenn Sie finanziell flexibel sind, nicht zwingend auf eine feste monatliche Auszahlung angewiesen sind und zur Not ein vorübergehendes Minus an den Aktienmärkten aussitzen können, kommt die Fonds-Entnahme auch im Alter ab 60 infrage. Schrecken Sie nicht davor zurück, nur weil Sie in den Ruhestand gehen. Eine genaue Finanzplanung zahlt sich hier aus.

▶ **Die Stiftung Warentest** untersucht regelmäßig ETF und aktiv gemanagte Fonds und vergleicht die Entwicklung. Die jeweils aktuellsten Ergebnisse finden Sie unter test.de/fonds. Mit der Suche nach „Pantoffel-Portfolio" gelangen Sie zu konkreten Depotvorschlägen. Informationen zur Zusatzrente aus Fonds finden Sie auf test.de, Suche nach: „ETF-Auszahlplan".

Klarheit für alle: Die Familie absichern

Die letzten Vorbereitungen für die Rentenzeit sind ein guter Anlass, um sich um weitere Fragen zu kümmern, zum Beispiel um die rechtliche Absicherung für sich selbst und die Familie.

→ **Wer entscheidet für mich,** wenn ich es selbst aus gesundheitlichen Gründen nicht mehr kann? Wie kommt mein Partner finanziell zurecht, wenn mir etwas zustößt? Wie sorge ich dafür, dass sich nicht alle heillos zerstreiten, wenn es darum geht, was nach meinem Tod aus dem Haus wird? Mit zunehmendem Alter dürften diese Fragen konkreter werden.

Sie haben sich längst um diese Themen gekümmert und beispielsweise mit einer Vorsorgevollmacht und einem Testament für Klarheit gesorgt? Dann empfiehlt es sich, ab und an zu überprüfen, ob die einmal getroffenen Vereinbarungen und Regelungen noch zu Ihrer aktuellen Situation passen, und wenn nötig nachzubessern.

Wenn Sie aber die Fragen rund um die Folgen einer schweren Krankheit oder eines Todesfalls in der Familie bisher immer vor sich hergeschoben haben, sollten Sie jetzt Ihre Hemmschwelle überwinden: Von der nötigen Klarheit profitieren Sie und Ihre Angehörigen.

Sinnvolle Vollmachten

Die Frage, wer für Sie Entscheidungen treffen soll, wenn Sie es nicht mehr können, lässt sich mithilfe einer Vorsorgevollmacht verbindlich beantworten. Stellen Sie diese Vollmacht einer Ihnen vertrauten Person aus, hat diese ausdrücklich die Befugnisse, zum Beispiel in Ihrem Namen einer Operation oder weiteren Behandlung zuzustimmen oder Geldgeschäfte für Sie zu übernehmen. Auch wenn Sie wollen, dass Ihr Ehepartner oder eines Ihrer Kinder diese Befugnisse erhält, müssen Sie diesen Angehörigen ausdrücklich eine solche Vollmacht erteilen – sie dürfen nicht automatisch für Sie entscheiden.

Sie haben nach der Trennung oder dem Verlust Ihres Partners keine Person, der Sie so sehr vertrauen, dass Sie sie in der Vorsorgevollmacht einsetzen würden? Oder Sie haben jemanden, etwa Sohn oder Tochter, doch sie leben weit weg? Dann kann eine Betreuungsverfügung sinnvoll sein. Hier geben Sie an, wer wenn nötig Ihre Betreuung übernehmen soll. Falls dann das Gericht eine Betreuung für Sie einrichten muss, prüft es Ihren Vorschlag.

Als Betreuer können auch Fremde infrage kommen, etwa Mitglieder eines Betreuungsvereins. Solche Vereine gibt es mittlerweile in vielen Städten und Gemeinden. Es gibt einen wichtigen Unterschied zwischen Vorsorgevollmacht und Betreuungsverfügung: Der eingesetzte Betreuer steht anders als der Bevollmächtigte unter der Kontrolle des Gerichts. Er muss regelmäßig einen Überblick zur Situation des Betreuten geben, unter anderem zu seinen Finanzen.

Sinnvoll ist es außerdem, wenn Sie sich mit einem weiteren nicht ganz einfachen Thema auseinandersetzen: der Patientenverfügung. Darin können Sie festlegen, in welche medizinischen Behandlungen Sie in bestimmten Fällen einwilligen und welche Sie ablehnen. Mit dieser Verfügung machen Sie es der Person, die für Sie Entscheidungen treffen soll, und den behandelnden Ärzten einfacher, in Ihrem Sinne zu handeln.

Den Nachlass regeln

Der nächste Punkt auf Ihrer Liste für mehr rechtliche Klarheit könnte sein: Wer bekommt was nach meinem Tod? Mithilfe eines Testaments können Sie das Risiko späterer Streitereien unter Ihren Angehörigen verringern.

Ohne Testament greifen die Regeln, die im Bürgerlichen Gesetzbuch zur Erbfolge vereinbart sind. Nach der gesetzlichen Erbfolge erben nur Verwandte und der Ehepartner beziehungsweise der eingetragene Lebenspartner des Verstorbenen. Freunde, Nachbarn und ein Lebensgefährte ohne Trauschein gehen leer aus. Die Angehörigen sind verschiedenen „Ordnungen“ zugewiesen. Den ersten Erbanspruch haben die Kinder und der Ehepartner.

Diese Regelungen können natürlich in einer intakten Familie funktionieren, doch sie bergen auch ein gewisses Risiko. Was, wenn sich etwa Mutter und Töchter nicht einig werden, wenn es darum geht, gemeinsam zu entscheiden, was aus dem Haus der Familie oder den vom Vater und Ehemann geerbten Wertpapieren werden soll? Dann ist es hilfreich, wenn dazu vorab in einem Testament klare Regeln getroffen worden sind.

Noch schwieriger wird es zum Beispiel, wenn es Konflikte innerhalb der Familie gibt oder wenn auch Kinder aus früheren Beziehungen zu den Erben zählen. Dann oder auch, wenn Sie und Ihr Partner in einer Beziehung ohne Trauschein zusammenleben, wird das Testament umso wichtiger.

So können Sie sicherstellen, dass etwa Ihre langjährige Lebensgefährtin nach Ihrem Tod nicht mit leeren Händen dasteht. Denn Partner ohne Trauschein gehen nach der gesetzlichen Erbfolge leer aus. Auch eine gesetzliche Witwen- oder Witwerrente steht ihnen nicht zu.

→ Vorzeitig etwas verschenken

Möchten Sie einen Partner, mit dem Sie nicht verheiratet sind, finanziell absichern, kann eine Übertragung von Vermögen zu Lebzeiten infrage kommen. Bei solchen gut gemeinten Gesten kommt jedoch schnell das Finanzamt ins Spiel: Für Schenkungen an Personen, mit denen Sie nicht verwandt sind, gilt nur ein Steuerfreibetrag von 20 000 Euro. Sie dürfen ihn alle zehn Jahre in Anspruch nehmen. Verschenken Sie höhere Werte, werden für jeden zusätzlichen Euro mindestens 30 Prozent Steuern fällig.

Risikolebensversicherung sinnvoll

Für mehr finanzielle Sicherheit für Ihre Angehörigen sorgen Sie mit einer Risikolebensversicherung. Ein solcher Schutz ist sehr sinnvoll. Sie können damit Ihren Ehepartner und Ihre Kinder absichern, weil die Witwen- und Waisenrenten eher niedrig ausfallen werden. Erst recht kommt Ihnen und Ihrem Partner die Versicherung zugute, wenn Sie ohne Trauschein zusammenleben, sodass kein Anspruch auf eine gesetzliche Hinterbliebenenrente besteht.

Die Kosten für eine Risikolebensversicherung sind vergleichsweise niedrig. Der Beitrag richtet sich vor allem nach dem Alter des Versicherten und der vereinbarten Versicherungssumme.

▶ **Weitaus mehr Informationen** zu Vorsorgevollmacht, Patientenverfügung, Testament und Co. finden Sie im „Vorsorge-Set" der Stiftung Warentest sowie im Ratgeber „Vererben und Erben". Beide Bücher sind unter **test.de/shop** und im Handel erhältlich.

Die erste Rente aufs Konto

Es ist so weit: Mit dem Rentenbescheid erfahren Sie, wie viel Monatsrente Ihnen von nun an zusteht. Komplett bleibt Ihnen die genannte Summe aber nicht, denn auch im Ruhestand müssen Sie Beiträge zur Kranken- und Pflegeversicherung zahlen. Und immer häufiger werden auch Steuern fällig.

Für Rentner gab es 2020 wieder eine gute Nachricht: Die Renten sind zum 1. Juli deutlich angestiegen – um 3,45 Prozent in den westlichen Bundesländern und sogar um 4,2 Prozent in den östlichen Ländern. Ähnliche Erhöhungen gab es in den vergangenen Jahren häufiger. Wie es allerdings im Sommer 2021 infolge der wirtschaftlichen Folgen aus der Corona-Pandemie aussehen wird, war bis Redaktionsschluss noch nicht entschieden.

Über das jährliche Rentenplus wird sich sicher jeder freuen. Einen kleinen Haken gibt es allerdings: Die Rentenanpassung kann tatsächlich dazu führen, dass Sie nun plötzlich verpflichtet sind, eine Steuererklärung abzugeben und eventuell sogar Steuern zu zahlen. Woran das liegt, erfahren Sie ab S. 124 unter „Netto statt brutto“. Trotzdem: Es gibt Mittel und Wege, um diese Abzüge in Grenzen zu halten – damit Ihnen möglichst viel von Ihrem Rentenanspruch bleibt.

Doch die möglichen Steuern sind nicht das einzige Minus, das Sie einplanen müssen: Vor allem die Beiträge zur Kranken- und Pflegeversicherung nagen im Ruhestand am Budget. Sehen Ihre Einnahmen im Alter brutto noch ganz attraktiv aus, werden Sie beim Blick auf das Geld, das Ihnen tatsächlich ausgezahlt wird, eventuell ernüchtert sein.

Der Rentenbescheid: Ihre Ansprüche schwarz auf weiß

Was steht Ihnen als Rentner zu? Welche Pflichten haben Sie? Der Rentenbescheid fasst sämtliche Informationen zusammen.

Irgendwann ist es so weit: Sie sind Rentner, und Sie können damit rechnen, dass Sie über den Rentenservice der Deutschen Post regelmäßig an Ihr Geld kommen. Die Rente wird grundsätzlich zum Monatsende gezahlt. Doch wie hoch wird die Rente tatsächlich ausfallen?

Das geht aus dem Rentenbescheid hervor, der Ihnen zugestellt wird. Er enthält zahlreiche Informationen, zum Beispiel zur

- **Rentenart:** Um welche Rente handelt es sich? Ist es eine Alters-, Erwerbsminderungs- oder Hinterbliebenenrente?
- **Rentenhöhe:** Genannt ist, wie viel Rente Ihnen jeden Monat zusteht. Beachten Sie allerdings: Sind Sie gesetzlich kranken- und pflegeversichert, wird Ihnen nicht die Bruttorente ausgezahlt, sondern das, was nach Abzug Ihres Anteils an den Versicherungsbeiträgen bleibt. Als freiwillig gesetzlich Versicherter müssen Sie einen Antrag auf Beitragszuschuss stellen. Sind Sie privat krankenversichert, müssen Sie sich selbst um die Beitragszahlung kümmern.
- **Rentenbeginn:** Sie erfahren, wann Sie die erste Zahlung erhalten.
- **Rentendauer:** Die Altersrente fließt auf Dauer. Anders ist es etwa bei der Erwerbsminderungsrente, die im Regelfall zunächst nur befristet gezahlt wird.
- **Rentenberechnung:** Aufgeführt wird, welche Zeiten bei der Berechnung Ihrer Rente berücksichtigt wurden.

Der Bescheid enthält zwar viele Informationen, ist aber nicht mehr ganz so umfangreich wie noch vor einigen Jahren, als die Neurentner meist ein dickeres Päckchen in der Post hatten. Manche Anlagen, die früher noch mitgeschickt wurden, erhalten Sie heute nicht mehr automatisch. Reicht Ihnen diese knappere Zusammenfassung jedoch nicht, können Sie den Rentenversicherungsträger darum bitten, dass Sie noch einmal weitere Unterlagen zu Ihrem Versicherungsverlauf bekommen.

Den Rentenbescheid prüfen

Die Übersichten zu Ihrem Versicherungsverlauf und weitere Unterlagen zu Ihrem Rentenkonto können helfen, wenn Sie beispielsweise fürchten, dass sich in Ihren Bescheid Fehler eingeschlichen haben: Müsste meine Rente nicht höher sein? Hätte ich nicht Anspruch auf mehr Grundrente? Hat der Rentenversicherer wirklich alles richtig zu meinen Gunsten berücksichtigt?

Für Laien ist es schwer, die einzelnen Rechenschritte, die letztlich zur konkreten Rentenhöhe führen, nachzuvollziehen. Daher ist es durchaus sinnvoll, den Bescheid von einem Rentenexperten prüfen zu lassen. Ansprechpartner finden Sie über den Bundesverband der freien Rentenberater (rentenberater.de) oder auch über die Sozialverbände (siehe „Wer hilft bei Fragen zur Rente?", S. 156).

Schwierig kann die Prüfung des Bescheids zum Beispiel sein, wenn Ihr Versicherungsverlauf etwa neben Beitragszeiten als Angestellter auch verschiedene beitragsfreie Zeiten aufweist (zum Beispiel Arbeitslosigkeit, Mutterschutz oder politische Verfolgung). Denn dann muss der Rentenversicherer für die Ermittlung Ihrer Rentenhöhe eine Bewertung dieser beitragsfreien Zeiten vornehmen und Ihre Rentenansprüche aus dieser Zeit separat ermitteln.

Je nach Lebenslauf können weitere Rechenschritte nötig sein, etwa wenn Sie bis Ende 1991 in bestimmten Phasen sehr wenig verdient haben und mindestens 35 Versicherungsjahre vorweisen können. Dann werden Ihnen unter Umständen aufgrund des geringen Arbeitsentgelts zusätzliche Entgeltpunkte gutgeschrieben. Es ist häufig nicht ganz einfach, all das auf eigene Faust nachzuvollziehen.

Das gilt umso mehr, weil es zwischenzeitlich immer wieder Gesetzesänderungen gegeben hat. Wurden mögliche Vorteile, die Ihnen aus früherer Gesetzgebung zustanden, richtig berücksichtigt? Vor allem, wenn Sie viele Wechsel in Ihrem Arbeitsleben hatten, kann es passieren, dass nicht alle Phasen richtig berücksichtigt wurden. Um sicherzugehen, kann sich somit die fachliche Unterstützung auf jeden Fall auszahlen. Weitere mögliche Fehlerquellen zeigt die Checkliste „Richtig gerechnet? Den Rentenbescheid prüfen" auf S. 122.

Ein Monat bleibt für Widerspruch

Falls Sie einen Fehler im Rentenbescheid feststellen oder vermuten, sollten Sie sich nicht allzu viel Zeit lassen: Nur ein Monat bleibt Ihnen nach Erhalt des Bescheids, um dagegen Widerspruch einzulegen. Dafür genügt ein formloses Schreiben, in dem Sie Ihre Versicherungsnummer angeben. In diesem Schreiben sollten Sie bereits auf die kritischen Stellen hinweisen, damit diese Punkte überprüft werden können. Die Versicherungsnummer finden Sie auf Ihrem Rentenbescheid. Für Rentner, die im Ausland leben, verlängert sich die Widerspruchsfrist auf drei Monate.

Die zuständige Abteilung des Rentenversicherers wird Ihren Widerspruch prüfen. Bleibt sie bei ihrer Entscheidung, übergibt sie den Fall an den Widerspruchsausschuss. Dieser ist zur Hälfte mit ehrenamtlichen Vertretern der Versicherten und der Arbeit-

Checkliste

Richtig gerechnet? Den Rentenbescheid prüfen

Heften Sie Ihren Rentenbescheid nicht einfach so ab. Auch wenn es ein wenig Mühe macht, suchen Sie alte Unterlagen heraus und vergleichen Sie – manche Ungereimtheiten können auch Ihnen als Laie ins Auge fallen.

- ☐ **Zahlendreher:** Aus einem Jahreseinkommen von 52 400 können leicht 42 500 Euro werden. Prüfen Sie, ob die Rentenkasse Ihr Einkommen und die entsprechenden Beiträge richtig berücksichtigt hat. Nutzen Sie dazu zum Beispiel die Jahresbescheinigungen, die Sie von Ihrem Arbeitgeber erhalten haben.
- ☐ **Beitragszeiten:** Sind all Ihre Beitragszeiten richtig auf Ihrem Versicherungskonto registriert? Wurden alle Jobs berücksichtigt, auch Nebentätigkeiten während des Studiums? Wenn Sie zwischenzeitlich selbstständig waren: Sind auch freiwillige Beiträge angerechnet, die Sie gezahlt haben?
- ☐ **Ausbildungszeiten:** Die Lehrlingszeit wird für bis zu drei Jahre besser bewertet. Stimmen die Daten, die die Rentenkasse berücksichtigt hat? Die Aufwertung für die Lehrlingszeit steht Ihnen bis zu dem Zeitpunkt zu, an dem Sie damals die letzte Prüfung bestanden hatten.
- ☐ **Arbeitsunfähigkeit und Arbeitslosigkeit:** Wurden die Tage, an denen Sie krank waren, berücksichtigt? Wurden auch die Zeiten einer vorübergehenden Arbeitslosigkeit anerkannt?
- ☐ **Scheidung:** Stimmen die Daten, mit denen die Rentenkasse beim Versorgungsausgleich gerechnet hat, oder hat es hier einen Zahlendreher oder Übertragungsfehler gegeben?
- ☐ **Umzug:** Wenn Sie mehrmals zwischen den westlichen und den östlichen Bundesländern gewechselt haben, wurde dann für den Verdienst in Magdeburg oder Dresden immer der Umrechnungsfaktor für die neuen Länder berücksichtigt? Und ist im Zuge mehrerer Jobwechsel rund um die Wendezeit alles richtig vermerkt worden?

geber besetzt. Der Ausschuss teilt dem Versicherten per Widerspruchsbescheid mit, ob er dem Widerspruch ganz oder teilweise stattgibt oder ihn zurückweist.

Sind Sie mit dieser Entscheidung nicht einverstanden, bleibt die Option, vor dem Sozialgericht zu klagen. Welches Gericht zuständig ist, können Sie der Rechtsbehelfsbelehrung in Ihrem Widerspruchsbescheid entnehmen. Sie können schriftlich Klage einreichen oder die Klage in der Geschäftsstelle des Gerichts mündlich vortragen. Für beide Schritte benötigen Sie zwar keinen Rechtsanwalt, aber die Unterstützung eines Experten in rentenrechtlichen Fragen dürfte sich auszahlen.

Sind Sie auch mit der Entscheidung des Sozialgerichts nicht einverstanden, können Sie sich an die höheren Instanzen wenden und in Berufung gehen – erst beim Landessozialgericht, später eventuell beim Bundessozialgericht. Spätestens dann müssen Sie einen Rechtsanwalt einschalten. Mit dem Spruch des Bundessozialgerichts ist das Verfahren abgeschlossen.

Wenn Sie anwaltliche Hilfe benötigen, können Sie sich zum Beispiel an den Deutschen Anwaltsverein wenden und im Internet unter dav.de nach einem Fachanwalt für Sozialrecht suchen. Auch die Rechtsanwaltskammer in Ihrer Region ist eine hilfreiche Anlaufstelle. Haben Sie eine Rechtsschutzversicherung abgeschlossen, klären Sie mit dem Versicherer, ob und unter welchen Voraussetzungen er die Kosten für einen Anwalt übernimmt.

Hinweis auf Grundsicherung

Je nachdem, wie hoch Ihre Bruttorente ausfällt, teilt der Rentenversicherungsträger Ihnen mit dem Rentenbescheid auch mit, dass Sie eventuell einen Anspruch auf „Grundsicherung im Alter und bei Erwerbsminderung" haben (siehe S. 138). Den entsprechenden Antrag, über den der Träger der Sozialhilfe an Ihrem Wohnort entscheidet, bekommen Sie gleich mitgeschickt.

Vom Rentenversicherer erhalten Sie allerdings keinen Hinweis, ob dieser Antrag tatsächlich durchgeht, denn er weiß nicht,

---

Viele Fehlerquellen können Sie schon früh beseitigen, wenn Sie etwa die Informationsschreiben der Rentenversicherung direkt kontrollieren. Schauen Sie sich gleich an, ob der Versicherungsverlauf korrekt wiedergegeben ist, ob alle Berufsphasen berücksichtigt wurden. Je eher Sie aktiv werden, desto leichter fällt es Ihnen, die notwendigen Unterlagen bei der Rentenkasse zur Kontenklärung einzureichen.

in welcher Höhe Sie zusätzliche Einkünfte haben, die dem Anspruch auf Grundsicherung entgegenstehen.

→ Rabatte mit Rentenausweis

Ganz gleich, wie hoch Ihre Rente ausfällt: Über den Renten Service der Deutschen Post erhalten Sie einen Rentenausweis. Er wird Ihnen mit dem Begrüßungsschreiben der Post zugeschickt und kann Ihnen Vergünstigungen bringen – zum Beispiel für Museums- oder Theaterbesuche oder die Nutzung von öffentlichen Verkehrsmitteln.

Meine Rente – mein Plan

Sie finden erst weit nach Ablauf der Widerspruchsfrist Unterlagen, die nachweisen, dass Ihnen eigentlich eine höhere Rente zusteht? Dann können Sie verlangen, dass Ihre Rente neu berechnet wird. Allerdings wird die höhere Rente nur für maximal vier Jahre rückwirkend gezahlt. Umso wichtiger ist es, dass Sie eventuelle Lücken in Ihrer Erwerbsbiografie so früh wie möglich schließen.

Netto statt brutto: Mit diesen Abzügen müssen Sie rechnen

Nach Abzug von Sozialabgaben und häufig auch Steuern bleibt von der Rente weniger als zunächst erhofft. Umso wichtiger ist es zu wissen, wie sich die Abzüge begrenzen lassen.

Die Entscheidung, wie Sie im Rentenalter krankenversichert sind, ist schon während des Berufslebens gefallen. Wenn Sie vor Eintritt in den Ruhestand gesetzlich krankenversichert waren, bleiben Sie es auch im Rentenalter. Die Beiträge, die Sie jeden Monat zahlen müssen, hängen von der Höhe Ihrer Rente und vom Beitragssatz Ihrer Krankenkasse ab.

Beispiel: Gunter ist Rentner und in der gesetzlichen Krankenversicherung pflichtversichert. Seine Brutto-Monatsrente beträgt 1430 Euro. Er ist in einer Krankenkasse, die einen Beitragssatz von 15,6 Prozent erhebt. Für Rentner ohne Kinder liegt der Beitragssatz für die gesetzliche Pflegeversicherung im Jahr 2021 bei 3,3 Prozent (3,05 Prozent wären es für Erwachsene mit Kindern).

Den Beitrag für die Krankenkasse muss Gunter nicht komplett allein aufbringen. Die eine Hälfte des Beitrags – in seinem Fall 7,8 Prozent der Bruttorente – übernimmt der Rentenversicherungsträger. Für die Krankenkasse zahlt er selbst somit ebenfalls 7,8 Prozent seiner Bruttorente als Beitrag – 111,54 Euro im Monat.

Den Beitrag von 47,19 Euro monatlich für die gesetzliche Pflegeversicherung muss der Rentner jedoch allein aufbringen. Gunters Anteil an den Sozialabgaben zieht der Rentenversicherer gleich von der Bruttorente ab, sodass er statt 1430 Euro jeden Monat 1271,27 Euro überwiesen bekommt.

Für Gunter war es das dann aber mit den Sozialabgaben: Beiträge zur Arbeitslosen- und zur Rentenversicherung muss er nicht aufbringen. Würde er jedoch noch nebenbei arbeiten, könnten weitere Beiträge für ihn fällig werden (siehe „Rente plus Job", S. 141).

Kasse wechseln und sparen

Für Rentner wie Gunter bleibt eine Möglichkeit, an der Abgabenschraube zu drehen: Er kann in eine andere, günstigere Krankenkasse wechseln. Zum Jahresbeginn 2021 sind die Bedingungen für den Kassenwechsel einfacher geworden – unabhängig davon, wie alt Sie sind oder ob Sie Vorerkrankungen haben. Ein Wechsel ist zum Beispiel möglich, wenn Sie mindestens 12 Monate in der bisherigen Kasse versichert waren (vorher galt eine Vorgabe von 18 Monaten). Erhöht Ihre Krankenkasse den Beitragssatz, haben Sie zudem ein Sonderkündigungsrecht.

Durch den Wechsel lassen sich Beiträge sparen, aber eventuell weniger als erhofft:

Beispiel: Gunter wechselt in eine Krankenkasse, die nicht 15,6 Prozent Beitragssatz erhebt, sondern nur 15 Prozent. Bei seiner Rente von 1430 Euro spart er dadurch gerade einmal 4,29 Euro.

Auch deshalb ist es sinnvoll, bei der Wahl oder beim Wechsel der Krankenkasse nicht nur auf den Beitragssatz zu achten. Gerade mit zunehmendem Alter dürfte sich umso mehr ein Blick auf die Leistungen und Serviceangebote lohnen. Hier gibt es zwischen den Kassen einige Unterschiede, die für Ihre Auswahl entscheidend sein können, zum Beispiel:

- Wenn Sie chronisch erkrankt sind, können Sie darauf achten, ob Ihre Krankenkasse ein spezielles Versorgungsprogramm (Disease-Management-Programm) für Ihre Erkrankung bietet.
- Wenn Sie viel reisen, kann es sich lohnen, eine Kasse zu wählen, die die Kosten für Reiseimpfungen übernimmt.
- Wenn Sie einen direkten Ansprechpartner in einer Filiale vor Ort wollen, wählen Sie eine Kasse, die das bietet.

Es kann sich letztlich lohnen, bei einer etwas teureren Krankenkasse zu bleiben, wenn Sie dafür mehr Leistungen und Service bekommen. Hilfe bei der Wahl der passenden Krankenkasse bietet der Produktfinder Krankenkassen der Stiftung Warentest unter test.de/krankenkassen.

Mehr Beiträge möglich

Im Ruhestand bleibt es nicht bei den Sozialabgaben für die gesetzliche Rente. Wer eine Rente aus einer betrieblichen Altersvorsorge bezieht und gesetzlich krankenversichert ist, muss dafür ebenfalls Beiträge zur Kranken- und Pflegeversicherung zahlen. Da es hierfür keinen Zuschuss aus der Rentenkasse gibt, sind die Abzüge besonders hoch: Betriebsrentner müssen den kompletten Beitragssatz für die Kranken- und die Pflegeversicherung allein aufbringen.

Allerdings profitieren sie seit 2020 von einem neuen Freibetrag, der 2021 bei 164,50 Euro liegt. Bis zu diesem Wert werden keine Beiträge zur Krankenversicherung fällig. Nur für den Anteil der Rente, die über diesem Wert liegt, sind Beiträge zur Krankenversicherung zu zahlen:

Beispiel: Gerda erhält 300 Euro aus einem betrieblichen Pensionsfonds. Dafür zahlt sie 21,14 Euro für die Krankenversicherung, wenn der Beitragssatz ihrer Kasse bei 15,6 Prozent liegt. Für die Pflegeversicherung muss sie 9,90 Euro im Monat aufbringen. Hier wird der volle Beitragssatz (3,3 Prozent) für die gesamte Rente fällig.

Für die meisten Ruheständler fallen aber keine weiteren Sozialabgaben an. Selbst wenn sie zusätzliches Einkommen wie Miet- und Kapitaleinkünfte haben, müssen sie dafür keine Beiträge zur Kranken- und Pflegeversicherung aufbringen. Doch das gilt nicht für alle Rentner. Entscheidend ist, ob jemand im Alter gesetzlich pflichtversichert ist oder freiwillig (siehe auch „Mit freiwilligen Beiträgen Sozialabgaben im Alter drücken", S. 102). Die große Mehrzahl der Rentner ist pflichtversichert in der Krankenversicherung der Rentner (KVdR).

Auch wenn es der Name kaum vermuten lässt: Gut dran ist, wer es in diese Pflichtversicherung schafft. Dazu sind zwei Bedingungen zu erfüllen:

1. **Vorversicherungszeit:** Sie sind in der zweiten Hälfte Ihres Arbeitslebens zu mindestens 90 Prozent der Zeit in einer gesetzlichen Krankenkasse versichert gewesen.
2. **Rentenanspruch:** Sie haben Anspruch auf eine Rente aus der gesetzlichen Rentenversicherung – auf eine Alters-, Erwerbsminderungs- oder Hinterbliebenenrente.

Sind beide Vorgaben erfüllt, beginnt die Krankenversicherungspflicht in der Regel mit dem Tag, an dem Sie Ihren Rentenantrag stellen.

Die für die KVdR geforderte Vorversicherungszeit erfüllen problemlos alle, die während ihres Berufslebens durchgängig gearbeitet haben und selbst Mitglied in einer gesetzlichen Krankenkasse waren. Es spielt keine Rolle, ob die Versicherten in dieser Zeit Pflichtbeiträge gezahlt haben oder etwa als Selbstständige oder gut verdienende Angestellte freiwillig in einer gesetzlichen Krankenkasse versichert gewesen sind. Unproblematisch sind auch Phasen, in denen ein Ehepartner, meist die Frau, über den anderen familienversichert war. Auch diese Jahre werden angerechnet.

Zum Hindernis kann die geforderte Vorversicherungszeit für diejenigen werden, die im Berufsleben länger privat krankenversichert waren: Selbst wenn sie mehrere Jahre vor Rentenbeginn in eine gesetzliche Krankenkasse zurückgewechselt sind, wird die Kasse genau ausrechnen, ob die Zeit für die Pflichtversicherung genügt.

Die zweite Voraussetzung für die KVdR, den Rentenanspruch, erfüllen Senioren, wenn sie zuvor etwa als Angestellte für mindestens fünf Jahre Beiträge in die gesetzliche Rentenversicherung eingezahlt haben. Damit erreichen sie die für die Regelaltersrente notwendige Wartezeit. Auch andere Lebensphasen wie Kindererziehungszeiten oder grundsätzlich Arbeitslosigkeit werden angerechnet. Fehlen noch Zeiten für den Rentenanspruch, können sich freiwillige Beiträge an die Rentenkasse lohnen.

Freiwillige Versicherung oft teurer

Allen, die zum Ende ihres Berufslebens gesetzlich krankenversichert waren, aber nicht die Bedingungen für die günstige Pflichtversicherung vorweisen können, bleibt nur, sich freiwillig gesetzlich zu versichern. Das kann aber deutlich teurer werden als die Pflichtversicherung. Denn freiwillig Versicherte müssen für mehr Einkommensarten Beiträge zur Kranken- und Pflegeversicherung aufbringen (siehe Tabelle S. 128).

Die Krankenkasse zieht für ihre Beitragsrechnung das gesamte Einkommen heran, das ihnen für den Lebensunterhalt zur Verfügung steht – also zum Beispiel auch die Auszahlung aus einer privaten Rentenversicherung oder Mieteinkünfte. Freiwillig Versicherten kann es sogar passieren, dass sie für das Einkommen ihres Ehepartners Beiträge zahlen müssen – wenn dieser privat krankenversichert ist. Unbegrenzt müssen aber auch sie nicht zahlen. Die gesetzliche Krankenkasse berücksichtigt nur das Einkommen bis zur sogenannten Beitragsbemessungsgrenze. Sie liegt 2021 bei 4 837,50 Euro im Monat und 58 050 Euro im Jahr.

Kleiner Trost für die freiwillig Versicherten: Für Zusatzeinnahmen wie private Rente oder Mieteinkünfte zahlen sie nicht den allgemeinen Beitragssatz ihrer Kasse, sondern den reduzierten Satz, der um 0,6 Prozentpunkte niedriger ist.

Auch als Rentner, der im Alter freiwillig gesetzlich krankenversichert ist, haben Sie Anspruch darauf, dass Ihnen die Rentenversicherung einen Zuschuss zu Ihrem Krankenkassenbeitrag zahlt, der für die gesetzliche Rente fällig wird. Diesen Zuschuss müs-

Das kommt auf gesetzlich versicherte Rentner zu

Fast alle Krankenkassen erheben neben dem allgemeinen Beitragssatz (14,6 Prozent) oder dem reduzierten Satz (14,0 Prozent) einen einkommensabhängigen Zusatzbeitrag. Obendrauf kommen immer die Beiträge an die Pflegeversicherung. [1)]

Einkommen	Das zahlen Pflichtversicherte in der Krankenversicherung der Rentner (KVdR)	Das zahlen Rentner, die freiwillig gesetzlich krankenversichert sind [3)]
Gesetzliche Rente (Alters-, Hinterbliebenen- und Erwerbsminderungsrente)	Fällig werden 14,6 Prozent der Bruttorente plus Zusatzbeitrag je nach Krankenkasse. Die Hälfte des Beitrags zahlt der Rentner, der Beitrag wird vor Auszahlung der Rente davon abgezogen. Die andere Hälfte übernimmt automatisch die Deutsche Rentenversicherung.	Fällig werden 14,6 Prozent der Bruttorente plus Zusatzbeitrag je nach Krankenkasse. Die Hälfte des Beitrags zahlt der Rentner, der Beitrag wird vor Auszahlung der Rente davon abgezogen. Die andere Hälfte können Sie auf Antrag von der Deutschen Rentenversicherung erhalten.
Auszahlung aus einem berufsständischen Versorgungswerkt	14,6 Prozent der Auszahlung plus Zusatzbeitrag je Krankenkasse.	14,6 Prozent der Auszahlung plus Zusatzbeitrag je Krankenkasse.
Leistungen aus betrieblicher Altersvorsorge	**Rente oder Pension:** 14,6 Prozent der Leistung plus Zusatzbeitrag, allerdings nur für die Auszahlung oberhalb des Freibetrags von 164,50 Euro monatlich.[2)] **Kapitalauszahlung:** Sie wird auf 120 Monate umgelegt. Für den Monatswert, der nach Abzug des Freibetrags von 164,50 Euro übrig bleibt, wird zehn Jahre lang der volle Krankenkassenbeitrag fällig.[2)]	**Rente oder Pension:** 14,6 Prozent der Leistung plus Zusatzbeitrag. **Einmalzahlung:** Sie wird auf 120 Monate umgelegt. Der Rentner zahlt zehn Jahre lang den vollen Krankenkassenbeitrag für den Monatswert – unabhängig von dessen Höhe.
Riester-Rente	Keine Beiträge zur Kranken- und Pflegeversicherung.	14,0 Prozent der Leistung plus Zusatzbeitrag je nach Krankenkasse.
Rürup-Rente	Keine Beiträge zur Kranken- und Pflegeversicherung.	14,0 Prozent der Leistung plus Zusatzbeitrag je nach Krankenkasse.
Rente aus einer privaten Rentenversicherung	Keine Beiträge zur Kranken- und Pflegeversicherung.	14,0 Prozent der Leistung plus Zusatzbeitrag je nach Krankenkasse.

Einkommen	Das zahlen Pflichtversicherte in der Krankenversicherung der Rentner (KVdR)	Das zahlen Rentner, die freiwillig gesetzlich krankenversichert sind [3)]
Auszahlung aus einer privaten Kapitallebensversicherung	Keine Beiträge zur Kranken- und Pflegeversicherung.	Beitragspflichtig sind die Kapitalerträge. Sie werden auf zwölf Monate umgelegt. Der Rentner zahlt ein Jahr lang 14,0 Prozent des Monatswerts plus den Zusatzbeitrag je nach Krankenkasse.
Einkommen aus angestellter Beschäftigung[4)]	**Verdienst bis 450 Euro im Monat:** Der Arbeitgeber überweist für den jobbenden Rentner pauschal Sozialabgaben. **Verdienst über 450 Euro im Monat:** Der jobbende Rentner wird als Arbeitnehmer versicherungspflichtig. Er zahlt für den Verdienst anteilig Sozialabgaben.	**Verdienst bis 450 Euro im Monat:** Der Arbeitgeber übernimmt für den jobbenden Rentner die Beiträge zur Krankenversicherung. Beiträge zur Pflegeversicherung zahlt dieser jedoch aus eigener Tasche. **Verdienst über 450 Euro im Monat:** Der jobbende Rentner wird aufgrund seiner Beschäftigung als Arbeitnehmer versicherungspflichtig und zahlt für seinen Verdienst anteilig Sozialabgaben.
Einkünfte aus Kapitalvermögen (zum Beispiel Zinsen, Dividenden, Gewinne aus Wertpapierverkäufen)	Keine Beiträge zur Kranken- und Pflegeversicherung.	14,0 Prozent der Einkünfte plus Zusatzbeitrag je nach Krankenkasse. Einkünfte sind Kapitaleinnahmen minus Werbungskosten. Ohne Nachweis werden pauschal 51 Euro als Werbungskosten abgezogen.
Mieteinkünfte	Keine Beiträge zur Kranken- und Pflegeversicherung.	14,0 Prozent der Einkünfte plus Zusatzbeitrag. Einkünfte sind die Mieteinnahmen abzüglich Werbungskosten.
Rente aus der gesetzlichen Unfallversicherung	Keine Beiträge zur Kranken- und Pflegeversicherung.	14,0 Prozent der Leistung plus Zusatzbeitrag je nach Krankenkasse.

1) Im Jahr 2021 zahlen Rentner mit Kindern und kinderlose Rentner, die vor 1940 geboren wurden, für die gesetzliche Pflegeversicherung 3,05 Prozent Beitrag. Alle anderen zahlen 3,3 Prozent.

2) Für pflichtversicherte Rentner gilt bei Zahlungen aus betrieblicher Vorsorge in der Pflegeversicherung kein Freibetrag, sondern eine Freigrenze von 164,50 Euro. Bis zur Grenze werden keine Beiträge fällig. Höhere Zahlungen sind komplett beitragspflichtig.

3) Beiträge werden maximal bis zur Beitragsbemessungsgrenze fällig. Sie liegt 2021 bei 4 837,50 Euro im Monat.

4) Je nach Art des Jobs und Alter des Rentners können neben den Beiträgen zur Kranken- und Pflegeversicherung auch Beiträge zur Arbeitslosen- und Rentenversicherung fällig werden.

Quelle: GKV-Spitzenverband

sen Sie aber beantragen. Pflichtversicherte Rentner erhalten ihn automatisch. Falls Sie unsicher sind: Fragen Sie bei der Krankenkasse, ob Sie den Antrag stellen müssen.

Andere Regeln für Privatpatienten

Auch wenn die Abgaben für Rentner, die freiwillig gesetzlich krankenversichert sind, in die Höhe schnellen können: Sie sind häufig doch noch etwas niedriger als die Beiträge, die Rentner zahlen müssen, die privat kranken- und pflegeversichert sind. Wer sich im Berufsleben für eine private Krankenversicherung entschieden hat und dieser auch nach dem 55. Geburtstag noch treu geblieben ist, ist automatisch auch im Rentenalter privat versichert. Eine Rückkehr in die gesetzliche Krankenversicherung ist in der Regel nicht mehr möglich.

Der private Krankenversicherungsschutz kann im Ruhestand zu einer echten Kostenfalle werden. Zwar zahlt die Rentenkasse auch privat Krankenversicherten einen Zuschuss zu den Beiträgen, allerdings erhalten die Rentner nicht mehr, als sie als gesetzlich Versicherter aufgrund ihrer Rentenhöhe bekommen hätten. Doch anders als bei gesetzlich Versicherten ergibt sich die Höhe der Versicherungsbeiträge nicht anhand des Einkommens: Der private Versicherer ermittelt sie anhand des Alters, der vereinbarten Leistungen und des Krankheitsrisikos.

Die Versicherten sollten einkalkulieren, dass sie häufig im Alter mindestens dreimal so viel für den Schutz aufbringen müssen wie etwa beim Vertragsabschluss mit Mitte 30. Monatsbeiträge von 800 Euro oder mehr sind im Rentenalter durchaus möglich. Die Beiträge zahlen Sie direkt an das Versicherungsunternehmen. Als Mitglied der privaten Krankenversicherung sind Sie automatisch in der privaten Pflegepflichtversicherung.

Und was lässt sich gegen hohe Beiträge tun? Ein Wechsel zu einem anderen privaten Krankenversicherer, um dort einen „Normaltarif" wie bisher abzuschließen, kommt im Rentenalter nicht mehr infrage. Doch es gibt einige Möglichkeiten, den Schutz beim eigenen Versicherer umzubauen und die Beiträge zu reduzieren (siehe Checkliste „So drücken Sie Ihre Versicherungsbeiträge", S. 131).

Immer mehr Rentner zahlen Steuern

Neben den Beiträgen für die Krankenversicherung belasten immer häufiger auch Steuern das Budget im Ruhestand. Die Zahl der Rentner, die beim Finanzamt ihre Einnahmen abrechnen müssen, steigt jedes Jahr an. Trotzdem: Auch wenn Sie zu den Rentnern gehören, die beim Finanzamt in der Pflicht sind, ist längst nicht gesagt, dass Sie auch tatsächlich Steuern zahlen müssen. Gerade im Ruhestand bleiben einige Spielräume, sodass Sie die Abgaben umgehen oder zumindest senken können.

Doch warum müssen überhaupt immer mehr Rentner eine Steuererklärung machen? Ein wichtiger Grund ist, dass von den

Checkliste

So drücken Sie Ihre Versicherungsbeiträge

Sie können Ihren privaten Krankenversicherungsschutz umbauen und so Beiträge sparen. Wichtig dabei: Schrauben Sie Ihre Ansprüche nicht zu weit herunter. Ein Zurück zu den alten Vertragsvereinbarungen ist in der Regel nicht mehr möglich.

- ☐ **Leistungen reduzieren:** Verzichten Sie zum Beispiel während eines Krankenhausaufenthalts auf die Unterbringung im Einzelzimmer und erklären Sie sich bereit, im Mehrbettzimmer zu schlafen. Das kann je nach Tarif einige Hundert Euro Beitragsersparnis im Jahr bringen.
- ☐ **Selbstbehalt erhöhen:** Vereinbaren Sie mit dem Versicherer, dass Sie einen größeren Teil der Kosten selbst übernehmen, zum Beispiel wenn Sie zum Hausarzt gehen. Achtung: Dieser Entschluss kann zu einer enormen finanziellen Belastung werden, wenn Sie schwer erkranken oder einen Unfall haben und über längere Zeit regelmäßig behandelt werden müssen. Dann kann der höhere Selbstbehalt die eingesparten Monatsbeiträge schnell auffressen.
- ☐ **Tarif wechseln:** Vielleicht besteht für Sie die Möglichkeit, in einen gleichartigen, aber etwas günstigeren Tarif bei Ihrem Versicherer zu wechseln. Oder Sie ändern je nach Vertrag nur einen Tarifbaustein, sodass der Versicherer etwa beim Zahnersatz weniger Ausgaben übernimmt als bisher.
- ☐ **Spezialtarif wählen:** Als letzte Möglichkeit bleibt Ihnen noch, in den Standardtarif für Rentner oder in den sogenannten Basistarif in der privaten Krankenversicherung zu wechseln. Diese Sozialtarife beinhalten in etwa die Leistungen, die auch die gesetzliche Krankenversicherung bietet. In bestimmten Leistungsbereichen müssen Sie damit also gegenüber Ihrem bisherigen Schutz eventuell deutliche Einschnitte hinnehmen. Dafür ist aber gerade beim Standardtarif für Rentner tatsächlich eine deutliche Beitragsersparnis möglich. Wollen Sie diese Möglichkeit nutzen, erkundigen Sie sich bei Ihrem Versicherer, ob Sie die Bedingungen dafür erfüllen.

gesetzlichen Renten für jeden neuen Rentnerjahrgang ein immer größerer Anteil steuerpflichtig ist. Waren für alle, die 2005 oder früher ihre erste Rente bezogen haben, noch 50 Prozent steuerfrei, sind es für Neurentner im Jahr 2021 nur noch 19 Prozent. Für alle, die erst 2040 oder später in den Ruhestand gehen, ist die Rente auf Dauer sogar zu 100 Prozent steuerpflichtig.

Bleibt ein immer kleinerer Anteil der Rente steuerfrei, steigen die steuerpflichtigen Einkünfte. Und das ist für die Pflicht zur Steuererklärung entscheidend: Hatte etwa ein Rentner im Jahr 2020 steuerpflichtige Einkünfte von mehr als 9408 Euro im Jahr, muss er eine Steuererklärung einreichen. Für zusammen veranlagte Ehepaare ist der Wert doppelt so hoch. 2021 liegt die Grenze bei 9744 Euro (Ehepaare: 19488 Euro).

Eine weitere Steuerregel sorgt dafür, dass Rentner, die vielleicht in den letzten Jahren noch unter der entscheidenden Grenze lagen, diese plötzlich überspringen: Das Geld, das ein Rentner im Zuge der jährlichen Rentenanpassung am 1. Juli zusätzlich erhält, ist zu 100 Prozent steuerpflichtig. Dieses Plus kann somit dafür sorgen, dass Sie plötzlich beim Finanzamt in der Pflicht stehen.

Wenn Sie im Alter eine Pension beziehen – etwa als ehemaliger Beamter oder aus betrieblicher Altersvorsorge –, müssen Sie fast immer eine Steuererklärung machen: In der Pflicht sind alle, die neben einer Pension mehr als 410 Euro in einem Jahr an Renteneinkünften haben.

→ Eigeninitiative günstig

Warten Sie im Zweifel nicht, bis das Finanzamt Sie auffordert, eine Steuererklärung abzugeben. Es spricht nichts dagegen, dort nachzufragen, ob Sie in der Pflicht sind. Sie fürchten, sogar noch für mehrere Jahre eine Steuererklärung zu schulden? Holen Sie sich Rat in einem Lohnsteuerhilfeverein oder beim Steuerberater, wie Sie nun am besten vorgehen. Sie müssen davon ausgehen, dass das Finanzamt über Ihre Einkünfte Bescheid weiß. Renten- und Pensionskassen, Lebensversicherer und Versorgungswerke müssen regelmäßig ihre Auszahlungen melden.

Steuerfreibetrag meist dauerhaft

Auch wenn Sie zur Abgabe der Steuererklärung verpflichtet sind, ist längst nicht gesagt, dass Sie Steuern zahlen müssen. Denn als Rentner von heute profitieren Sie von diversen Freibeträgen. Außerdem muss das Finanzamt für Sie viele Posten steuermindernd berücksichtigen.

Der wichtigste Steuersenker ist der sogenannte Rentenfreibetrag. Denn wie bereits angedeutet, ist für Sie je nach Jahr des Rentenbeginns zumindest noch ein Teil der Auszahlung steuerfrei. Das Finanzamt ermittelt für jeden Rentner seinen persönlichen Freibetrag. Dieser gilt im Normalfall für die gesamte Zeit, in der die Rente fließt.

Das Finanzamt legt ihn endgültig Ende des ersten vollen Jahres im Ruhestand fest. So werden Rentenerhöhungen im ersten Jahr noch für den Steuerfreibetrag berücksichtigt. Ein Plus aus späteren Rentensteigerungen ist komplett steuerpflichtig.

Beispiel: Adele aus Leipzig hat 2019 ihre erste Rente bezogen. Ihren Steuerfreibetrag hat das Finanzamt Ende 2020 ermittelt. In dem Jahr kam die Leipzigerin auf eine Gesamtrente von 13680 Euro. Als Freibetrag stehen ihr 22 Prozent dieser Summe zu. Das sind 3009,60 Euro. Dieser Rentenfreibetrag gilt nun für jedes Steuerjahr.

Trotz des Freibetrags kommt sie für 2020 auf steuerpflichtige Renteneinkünfte, die über der entscheidenden Grenze von 9408 Euro liegen. Per Gesetz ist sie damit zur Steuererklärung verpflichtet – selbst wenn sie kein weiteres Einkommen hat.

Für Zusatzeinkünfte stehen Ihnen weitere Steuerfreibeträge zu, etwa der Altersentlastungsbetrag oder der Versorgungsfreibetrag.

Abseits der jährlichen Rentenanpassungen gilt: Ändert sich Ihre Rente aus anderen Gründen, zum Beispiel wie vor einigen Jahren als die Neuregelungen zur „Mütterrente“ in Kraft traten, berechnet das Finanzamt den Steuerfreibetrag neu. Lassen Sie sich vom Rententräger eine neue Rentenbezugsmitteilung schicken, auf der die Neuberechnung berücksichtigt ist. Dann können Sie beispielsweise mithilfe eines Lohnsteuerhilfevereins überprüfen, ob die neuen Daten richtig berücksichtigt wurden. Reklamieren Sie falsche Angaben beim Finanzamt.

Kommen zu den steuerpflichtigen Einkünften aus der gesetzlichen Rente weitere Einkünfte hinzu, zum Beispiel aus Vermietung und Verpachtung, aus Kapitalvermögen oder auch steuerpflichtige Einkünfte aus anderen Vorsorgeverträgen wie der Riester-Rente? Dann ist die Wahrscheinlichkeit, dass die Steuererklärung Pflicht für Sie ist, noch größer.

Allerdings stehen Ihnen für solche Zusatzeinkünfte unter bestimmten Voraussetzungen auch weitere Steuerfreibeträge zu, etwa der Altersentlastungsbetrag für Miet- und Kapitaleinkünfte und Einkünfte aus einem Nebenjob. Oder auch der Versorgungsfreibetrag für Einkünfte aus Pensionen.

Die Steuer, die eventuell trotz der Freibeträge fällig wird, können Sie weiter drücken, wenn Sie konsequent in der Steuererklärung alle Posten geltend machen, die Ihnen beim Finanzamt Vorteile bringen. Dazu gehören zum Beispiel:

- Ausgaben für eine Rentenberatung. Haben Sie sich fachliche Unterstützung geholt, können Sie die Ausgaben dafür als Werbungskosten geltend machen. Ohne weitere Angaben rechnet das Finanzamt mit einer Pauschale für Werbungskosten in Höhe von 102 Euro im Jahr.

- Ausgaben für die Gesundheit, etwa für einen Kuraufenthalt und selbst gezahlte Medikamente über der zumutbaren Belastung.
- Sonderausgaben wie Spenden und Kirchensteuern.

Erst wenn alle Freibeträge und sämtliche Ausgaben berücksichtigt sind, steht fest, ob ein Rentner Steuern zahlen muss. Rückwirkend für das Steuerjahr 2020 gilt: Nur wenn ein zu versteuerndes Einkommen von über 9 408 Euro vorlag, ist das der Fall.

Doch selbst wenn Sie über dieser Grenze liegen und sich daraus Steuern ergeben würden: Können Sie beim Finanzamt Ausgaben für eine Haushaltshilfe oder für Handwerkerarbeiten belegen, reduziert sich Ihre Steuerlast. Denn wenn Sie beispielsweise eine Malerrechnung mit 600 Euro Arbeitskosten abrechnen, wird das Finanzamt Ihnen 120 Euro (20 Prozent des Rechnungsbetrags) direkt von der zu zahlenden Steuer abziehen. Ihre Steuerschuld sinkt also, vielleicht ja sogar bis ganz auf null.

Manchmal sogar Geld zurück

Das Ausfüllen der Steuerformulare mag als lästige Pflicht erscheinen, doch es kann sich sogar finanziell lohnen. Denn unter bestimmten Voraussetzungen können Sie sich als Rentner Geld vom Finanzamt zurückholen. Möglich ist das zum Beispiel, wenn Sie neben der Rente noch angestellt berufstätig sind und wenn Ihr Arbeitgeber im Laufe des Jahres jeden Monat von Ihrem Gehalt Lohnsteuer eingezogen hat. Dann bietet die Steuererklärung die Chance, beispielsweise Ausgaben für Ihren Arbeitsweg oder eine Fortbildung als Werbungskosten geltend zu machen. Liegen die Ausgaben insgesamt über 1000 Euro im Jahr, können Sie sich vorab gezahlte Lohnsteuer zurückholen.

Meine Rente – mein Plan

Sie müssen die Steuererklärung im Ruhestand nicht allein machen. Holen Sie sich Rat, entweder beim Steuerberater oder in einem Lohnsteuerhilfeverein. Dort kann man Ihnen erklären, ob Sie in der Pflicht sind, ob Sie in die Pflicht rutschen können und wie Sie sich zu viel gezahlte Steuern zurückholen. Für die Unterstützung durch die Experten müssen Sie zwar etwas zahlen, doch wenn Sie durch die Hilfe Geld vom Finanzamt zurückbekommen und wissen, wie Sie künftig vorgehen müssen, lohnt sich diese Investition. Weitere Hilfe bietet der jährlich aktualisierte Ratgeber „Steuererklärung für Rentner und Pensionäre" der Stiftung Warentest, erhältlich unter test.de/shop.

Eine große Chance bietet die Steuererklärung außerdem Rentnern, die aus Ersparnissen oder Wertpapierinvestments höhere Kapitalerträge erzielen. Gut möglich, dass auch sie sich mit der Steuererklärung Geld zurückholen – nämlich die sogenannte Abgeltungsteuer. Seit 2009 gibt es diese Pauschalsteuer in Höhe von 25 Prozent. Sie wird für Kapitalerträge fällig, also beispielsweise für Zinsen aus Sparbriefen und Erträge aus Aktienfonds oder anderen Wertpapieren. Nur Einnahmen bis 801 Euro im Jahr sind für jeden Sparer und Anleger steuerfrei, für zusammen veranlagte Ehepaare 1602 Euro.

In den meisten Fällen kümmert sich die Bank darum, dass für jeden Euro oberhalb des sogenannten Sparerpauschbetrags Abgeltungsteuer an das Finanzamt fließt. Das klingt bequem, doch eventuell verschenken gerade viele Rentner eine Menge Geld, wenn sie sich auf diese pauschale Abrechnung durch ihre Bank verlassen. Günstiger dürfte es sein, wenn sie ihre Kapitaleinnahmen selbst in der Steuererklärung beim Finanzamt abrechnen und den Antrag auf Günstigerprüfung in der Anlage KAP stellen.

Denn häufig müssen sie bei eher niedrigem Einkommen entweder gar keine Steuern für ihre Kapitalerträge zahlen. Oder wenn sie Steuern zahlen müssen, gilt häufig nur ein Satz unter 25 Prozent. Dann wird auch nur dieser niedrigere Satz für die Kapitaleinkünfte fällig.

Alles, was die Bank zu viel überwiesen hat, kann der Sparer über die Steuererklärung zurückbekommen.

Private Veränderungen und die Folgen für die Rente

Eine späte Scheidung, eine neue Liebe nach dem Tod des Partners, ein Umzug ins Ausland: Einschnitte im Privatleben können die Höhe Ihrer Rente verändern.

→ **Wie Sie mit einem** Nebenjob zur Rente die Höhe der monatlichen Einnahmen beeinflussen können, stellen wir ausführlich im Kapitel „Rente plus Job“ ab S. 141 vor. Doch auch Veränderungen im privaten Umfeld können sich im Ruhestand auf die Höhe der monatlichen Leistungen auswirken. Übernehmen Sie zum Beispiel die Pflege Ihrer Mutter, können Sie damit Ihre eigene Rente aufbessern (siehe „Ehrensache: Wenn Angehörige Pflege brauchen", S. 150).

Wenn Sie sich von Ihrem Partner scheiden lassen, kommt es zu einem Versorgungsausgleich. Entscheidend sind – wie bei der Scheidung in jüngeren Jahren – die während der Ehe erworbenen Rentenansprüche in Form von Entgeltpunkten. Die von beiden Partnern erworbenen Punkte werden hälftig geteilt. Wenn etwa der Ehemann während der Ehe als Angestellter 32 Punkte gesammelt hat und seine Frau 16, hat sie einen Anspruch auf einen Ausgleich von 8 Punkten, sodass ihre eigene Rente steigt.

Für den Ausgleich spielt es aber keine Rolle, wie hoch die Rentenzahlungen seit Ruhestandsbeginn tatsächlich waren. Wenn also der Mann seit Rentenbeginn monatlich eine Altersrente von 1500 Euro erhalten hat und seine Partnerin nur eine Rente von 800 Euro, steht ihr für diese Zahlungsunterschiede kein Ausgleich zu.

Eine neue Liebe nach dem Tod des Partners

Stirbt der Ehepartner oder die Ehepartnerin, hat der Hinterbliebene Anspruch auf eine Witwenrente. Dieser Anspruch besteht allerdings nur, solange Sie nicht erneut heiraten. Wenn Sie bisher eine große Witwenrente bezogen haben, dürfen Sie allerdings vor der erneuten Hochzeit eine einmalige Abfindung für Ihre Hinterbliebenenversorgung beantragen. Diese ist 24-mal so hoch wie Ihre Witwenrente, die Sie im Schnitt in den vergangenen zwölf Monaten erhalten haben (siehe „Die Witwen- und Witwerrente", S. 44).

Den Ruhestand im Ausland verbringen

Ein Umzug ins Ausland kann die Rentenhöhe beeinflussen, muss es aber nicht. Wenn Sie in Deutschland Rentenansprüche erworben haben, gehen diese mit der Auswanderung nicht verloren. Sie können von Ihrer deutschen Altersrente also beispielsweise auch leben, wenn Sie den Ruhestand in Thailand oder auf Gran Canaria verbringen.

Eventuell sind allerdings nach der Übersiedlung einige Abstriche bei der Rente möglich. Einschnitte kann es je nach Auswanderungsland zum Beispiel geben, wenn Sie eigentlich nur Anspruch auf eine Rente wegen teilweiser Erwerbsminderung hätten, aber aufgrund der fehlenden Chancen am Arbeitsmarkt doch die volle Erwerbsminderungsrente erhalten (siehe „Wenn gesundheitliche Probleme Arbeit verhindern", S. 37).

Diese Rente fließt weiter, wenn Sie in ein Land der EU auswandern, nach Island, Liechtenstein, Norwegen oder in die Schweiz. Auch in einigen weiteren Staaten ist das möglich. Für die meisten anderen Länder gilt jedoch, dass Sie nach dem Umzug dorthin lediglich Anspruch auf die Zahlung einer Rente wegen teilweiser Erwerbsminderung haben.

Die Rente wird Ihnen im Ausland auf ein Konto vor Ort überwiesen. Je nach Wohnsitzland können dafür Gebühren anfallen. Außerdem müssen Sie eventuell Abzüge hinnehmen, wenn in Ihrem neuen Land eine andere Währung als der Euro gilt.

Um die Rentenzahlung kümmert sich der Renten Service der Deutschen Post. Dort sollten Sie auch Änderungen wie eine neue Adresse oder Bankverbindung melden. Ausführlichere Informationen finden Sie unter deutschepost.de/rentenservice.

Nicht ohne Vorbereitung auswandern

Klären Sie vor dem Umzug ins Ausland frühzeitig ab, was er für Ihren Sozialversicherungsschutz bedeutet. Das kann je nach vorheriger Berufslaufbahn unterschiedlich sein. Wenn Sie zum Beispiel in der Vergangenheit sowohl in Deutschland als auch in Spanien gearbeitet haben – also in beiden Ländern Rentenansprüche erworben haben –, fallen Sie beim Umzug nach Spanien automatisch in die dortige Krankenversicherung.

Haben Sie hingegen ausschließlich in Deutschland Rentenansprüche erworben und sind als Rentner in der gesetzlichen Krankenversicherung pflichtversichert, bleiben Sie trotz des Umzugs in der deutschen Krankenversicherung. Damit behalten Sie weiter Anspruch auf den Zuschuss aus der Rentenkasse zu den Beiträgen für die Krankenversicherung.

Die Fragen zur Sozialversicherung sollten auf Ihrer Checkliste zum Auswandern weit oben stehen, doch es gibt weitere Punkte, die Sie vor dem Umzug klären sollten: Wie weit reicht der Schutz Ihrer privaten Versicherungsverträge? Wie ist die finanzielle Absicherung, falls Sie im Ausland pflegebedürftig werden? Welche Steuerbelastung kommt auf Sie zu? Nehmen Sie sich Zeit, Ihren Umzug zu planen.

Je nach Zielland sind die Regelungen unterschiedlich. Sprechen Sie mit Ihrer Krankenkasse, einem Steuerberater oder nutzen Sie das Beratungsangebot der Deutschen Rentenversicherung. Überlegen Sie sich auch: Möchte ich tatsächlich komplett auswandern, oder wäre es eine Alternative, den Hauptwohnsitz in Deutschland zu belassen und zum Beispiel nur die Wintermonate im sonnigen Süden zu verbringen?

→ Riester-Rente im Gepäck

Was für die gesetzliche Rente innerhalb der EU und des Europäischen Wirtschaftsraums gilt, trifft auch auf die geförderte Riester-Rente zu: Diese Leistungen werden Ihnen in die entsprechenden Staaten überwiesen, ohne dass Sie die Förderung verlieren. Wenn Sie allerdings Ihren Wohnsitz in einen Staat außerhalb der EU verlegen, müssen Sie die staatliche Förderung, die Ihnen im Erwerbsleben gutgeschrieben wurde, zurückzahlen.

Wenn die Rente nicht reicht

Mit der Grundrente wurde eine neue Lösung geschaffen, um niedrige Renten etwas aufzubessern. Zur Not bleibt im letzten Schritt der Weg in die staatliche Grundsicherung.

Je nach Beruf, Verdienst und Einschnitten im Lebenslauf kann es passieren, dass jemand trotz langjähriger Berufstätigkeit, Kindererziehung und Pflege eine Rente hat, die kaum zum Leben reicht. Mit der Grundrente, die Versicherten unter bestimmten Voraussetzungen zusteht, wurde eine Möglichkeit geschaffen, um die finanziellen Lücken zumindest etwas zu schließen. Ein Aufschlag zur Rente von bis zu rund 400 Euro im Monat ist möglich (siehe „Rente im Wandel", S. 19).

Die volle Grundrente können Versicherte bekommen, wenn sie auf mindestens 35 Jahre an Grundrentenzeiten etwa aus einer Berufstätigkeit oder aus Kindererziehung kommen. Mit entscheidend ist außerdem die Höhe des Verdienstes im Berufsleben: Berücksichtigt werden Zeiten, in denen er bei mindestens 30 und höchstens 80 Prozent des Durchschnittseinkommens lag.

Andere Lösungen suchen

Eine andere Möglichkeit, um das Einkommen im Alter aufzubessern, kann ein Nebenjob sein. Dem können allerdings Gründe entgegenstehen, zum Beispiel gesundheitliche Probleme. Unter Umständen bleibt als letzter Ausweg nur, finanzielle Unterstützung vom Staat, die sogenannte Grundsicherung, zu beantragen, genauer gesagt: die „Grundsicherung im Alter und bei Erwerbsminderung".

Zuständig für die Grundsicherung sind die Sozialhilfeträger. Die Bedingungen für die Auszahlung sind im Sozialgesetzbuch XII geregelt. Die Grundsicherung ist keine besondere Form der Rente, sondern die Leistungen werden über Steuermittel finanziert. Anspruch auf Grundsicherung haben Personen, die bedürftig sind und

- je nach Geburtsjahr mindestens zwischen 65 und 67 Jahre alt sind (hier gelten die seit 2012 steigenden Altersgrenzen wie für die Regelaltersrente) oder
- das 18. Lebensjahr vollendet haben und unabhängig von der jeweiligen Arbeitsmarktlage aus medizinischen Gründen dauerhaft voll erwerbsgemindert sind.

Grundsicherung gibt es nur auf Antrag. Die Zahlung beginnt mit dem ersten Tag des Monats, in dem Sie den Antrag stellen. Sie soll helfen, unter anderem Ausgaben für den Lebensunterhalt, für Unterkunft und Heizung, für Kranken- und Pflegeversicherung zu decken. Für besondere Personengruppen – etwa Menschen mit Behinderung – wird ein Mehrbedarf berücksichtigt.

Als Bedarfssatz für den Lebensunterhalt wie Lebensmittel, Bekleidung und Haushaltsgeräte werden für den Haushaltsvorstand 2021 monatlich 446 Euro gezahlt. Leben Ehepartner oder eingetragene Lebenspartner zusammen im Haushalt, gilt je Partner ein Regelbedarf von 401 Euro im Monat.

Hinzu kommen Ausgaben für die Unterkunft, die „angemessen" sind. Ist Ihre Mietwohnung nicht zu groß, übernimmt das Sozialamt Miete und Nebenkosten. Auch wenn Sie im Eigenheim leben, kann es Unterstützung zum Wohnen geben, etwa für noch zu zahlende Kreditzinsen oder Reparaturkosten. Zudem trägt das Sozialamt die Kosten für die gesetzliche Kranken- und Pflegeversicherung im Rahmen der Grundsicherung. Privatversicherte müssen aber eventuell einen Teil der Beiträge selbst zahlen. .

Zuständig für die Grundsicherung sind die Sozialhilfeträger an Ihrem Wohnort. Entweder Sie senden Ihren Antrag direkt dorthin, oder Sie schicken ihn an den Rentenversicherungsträger, der ihn an die zuständige Stelle weiterleitet. Ehe Sie Grundsicherung erhalten, prüfen die Sozialhilfestellen, welches Einkommen Ihnen beziehungsweise den Mitgliedern in Ihrem Haushalt insgesamt zur Verfügung steht. Hier zählen zum Beispiel die Altersrente oder eine Witwenrente komplett mit, ebenso Zinsen, Miet- und Pachteinnahmen. Auch Erwerbseinkommen aus angestellter oder selbstständiger Tätigkeit wird nach Abzug eines Freibetrags angerechnet. Vorhandenes Vermögen, etwa aus Sparguthaben, müssen Sie aufbrauchen, bevor Grundsicherung fließt.

Es zählt das Einkommen des Antragstellers und seines Ehepartners. Wohnen andere Personen mit im Haushalt wie Kinder oder Enkel, spielt deren Einkommen aber keine Rolle, wenn Ihr Anspruch auf Grundsicherung überprüft wird. Erwachsene Kinder dürfen nur für die Unterstützung der bedürftigen Eltern herangezogen werden, sofern ihr Bruttojahreseinkommen über 100 000 Euro liegt. Hat ein Antragsteller mehrere Kinder, darf jeder Sohn und jede Tochter bis zu dieser Grenze verdienen.

---

i

Geht aus Ihrem Rentenbescheid hervor, dass Ihre monatliche Bruttorente bei höchstens 923 Euro liegt, erhalten Sie von der Rentenversicherung einen Antrag auf Grundsicherung. Eine Garantie, dass Sie tatsächlich finanzielle Unterstützung bekommen, haben Sie damit aber nicht. Diese Entscheidung trifft erst der zuständige Sozialhilfeträger.

Rente plus Job

Die Zahl der berufstätigen Rentner mit Nebenjob steigt regelmäßig an. Die Regeln zur Flexi-Rente bieten einige Spielräume, Rente und Nebenjob miteinander zu kombinieren. Doch ein hoher Bruttonebenverdienst ist nicht immer so attraktiv, wie er im ersten Moment eventuell erscheint.

Immer mehr Rentner verdienen sich etwas dazu. So gingen Ende 2019 rund 390 000 Menschen im Alter von mehr als 65 Jahren einer sozialversicherungspflichtigen Beschäftigung nach. Hinzu kommen rund 1,16 Millionen Minijobber (siehe „30 Sekunden Fakten", S. 148).

Wenn Sie bereits eine Rente beziehen und nebenbei arbeiten, kann ein Zusatzverdienst Auswirkungen auf die Rentenhöhe haben: positive wie negative. Denn je nach Alter kann es sein, dass Ihre Rente abhängig von Ihrem Verdienst gekürzt wird. Umgekehrt können Sie aber auch dafür sorgen, dass sich Ihre bereits fließende Rente mit Hilfe eines Jobs weiter erhöht.

An den Rahmenbedingungen für das Arbeiten neben der Rente hat sich durch das seit einigen Jahren geltende Flexi-Rentengesetz einiges getan. Auf den folgenden Seiten stellen wir genauer dar, was gilt, wenn Sie

- neben einer Altersrente arbeiten – bei vorzeitigem und bei pünktlichem Rentenbeginn,
- als Empfänger einer Erwerbsminderungsrente nebenbei arbeiten oder
- als Empfänger einer Hinterbliebenenrente berufstätig sind.

Auch wenn Sie im Ruhestand einen Angehörigen pflegen oder sich ehrenamtlich engagieren, kann das Ihre Rente beeinflussen.

Neben der Altersrente arbeiten

Es macht einen Unterschied, ob Sie als Frührentner nebenbei etwas verdienen oder ob Sie die Regelaltersgrenze bereits erreicht haben. Gerade als Frührentner sollten Sie genau rechnen.

Sie wünschen sich mehr finanzielle Möglichkeiten, eine regelmäßige Aufgabe oder einfach, weiter unter Leute zu kommen? Neben der Rente sind verschiedene Arten von Jobs möglich.

- **Minijob:** Sie verdienen regelmäßig nicht mehr als 450 Euro im Monat. Der Arbeitgeber übernimmt für Sie die fälligen Sozialversicherungsbeiträge und überweist meist auch pauschal Lohnsteuer an das Finanzamt.
- **Aushilfsjob/Saisonale Beschäftigung:** Sie nehmen eine Beschäftigung an, die von vornherein auf maximal drei Monate am Stück oder 70 Arbeitstage im Jahr begrenzt ist. Dann müssen weder Sie noch Ihr Arbeitgeber Sozialversicherungsbeiträge für Ihren Verdienst leisten. Die Einnahmen sind allerdings steuerpflichtig. Achtung: In 2020 galten durch die Corona-Pandemie etwas längere Fristen, doch in 2021 gelten wieder die früheren Werte.
- **Sozialversicherungspflichtige Beschäftigung:** Sie verdienen regelmäßig mehr als 450 Euro im Monat. Dann müssen sowohl Sie als auch Ihr Arbeitgeber für den Verdienst Sozialabgaben zahlen. Der Verdienst ist steuerpflichtig, eine pauschale Versteuerung über den Arbeitgeber ist nicht mehr möglich.
- **Selbstständige Nebentätigkeit:** Wenn Sie als Rentner pflichtversichert in der gesetzlichen Krankenversicherung sind, müssen Sie meist mit Beiträgen zur Kranken- und Pflegeversicherung rechnen. Rentenbeiträge fallen für selbstständiges Einkommen nur in wenigen Berufen an, etwa für freiberufliche Lehrer (siehe „Auch manche Selbstständige müssen zahlen", S. 59) – aber nur bis zum Erreichen der Regelaltersgrenze.

Wenn Sie darüber nachdenken, welcher Job infrage kommt, sollten Sie neben den Steuern und Sozialabgaben, die je nach Art der Tätigkeit und je nach Höhe des Verdienstes zu zahlen sind, auch einen weiteren Aspekt beachten: Welche Auswirkungen hat der Verdienst auf meine Rente? Denn nur dann wissen Sie, wie viel Geld Ihnen am Monatsende tatsächlich zur Verfügung steht. Ein hoher Bruttoverdienst mag im ersten Moment attraktiv erscheinen, doch er lohnt sich nicht immer wie erhofft.

Alt genug? Keine Rentenkürzung

Wenn Sie pünktlich bei Erreichen der Regelaltersgrenze in Rente gegangen sind – also je nach Geburtsjahr zwischen dem 65. und dem 67. Geburtstag –, müssen Sie sich keine Gedanken machen, ob ein Nebenjob negative Folgen für Ihre Rente hat: Sie dürfen so viel hinzuverdienen, wie Sie wollen und können, ohne dass die Rente gekürzt wird.

Auf diese Regelung können Sie sich auch verlassen, wenn Sie zwar vorzeitig in Rente gegangen sind, aber mittlerweile die Regelaltersgrenze erreicht haben. Auch dann drohen Ihnen keine Kürzungen mehr.

Im Gegenteil: Dank einer Gesetzesänderung aus 2017 können Sie nach Erreichen der Regelaltersgrenze mit einem Nebenjob sogar dafür sorgen, dass Ihre volle Rente weiter steigt: wenn Sie dem Arbeitgeber mitteilen, dass er und Sie für Ihren Verdienst weiter Beiträge an die Rentenkasse zahlen. Durch die zusätzlichen Beiträge erhöht sich Ihre Rente. Und Sie erhalten sogar noch eine Belohnung vom Rentenversicherer, denn für die hinzugewonnenen Rentenansprüche zahlt er einen Zuschlag von 0,5 Prozent im Monat – bis zu 6 Prozent im Jahr. Ein Beispiel dazu lesen Sie unter „Länger arbeiten als vorgesehen", S. 94.

Als Frührentner Nebenverdienst melden

Solange Sie aber als Frührentner noch nicht die Regelaltersgrenze erreicht haben, müssen Sie bei Ihrem Verdienst genauer rechnen. Überlegen Sie sich gut, was Sie ohne Folgen für die Rente verdienen können und ob sich das tatsächlich lohnt.

Einen Nebenjob müssen Sie der Rentenversicherung melden, dabei geben Sie auch Ihr voraussichtliches Einkommen an. Die Rentenkasse ermittelt daraufhin die voraussichtliche Höhe Ihrer Rente. Zum 30. Juni des folgenden Jahres wird dann Ihr tatsächliches Einkommen abgefragt. Weicht es von der geschätzten Summe ab, wird die Rente neu berechnet. Dann kann es sein, dass Sie rückwirkend Geld zurückzahlen müssen oder einen Rentennachschlag erhalten. Gerade wenn Sie gut nebenbei verdient haben, planen Sie ein, dass es zu einer Nachforderung kommen kann.

Immerhin haben Frührentner, die nebenher arbeiten, seit einer Gesetzesänderung vor einigen Jahren („Flexi-Rente") aber mehr Freiräume beim Verdienst erhalten. Vor der Gesetzesänderung blieb grundsätzlich nur ein Verdienst von im Schnitt 450 Euro im Monat folgenlos für die Rente, wenn Sie zum Beispiel im Alter von 63 oder 64 Jahren neben der vorzeitigen Altersrente erwerbstätig waren. Ein regelmäßiger höherer Verdienst führte dazu, dass die Rente um ein oder zwei Drittel gekürzt oder sogar komplett gestrichen wurde.

Mittlerweile können Frührentner anders rechnen. Die erste Änderung gab es mit Einführung der oben genannten Flexi-Rente. Durch den Ausbruch der Corona-Pandemie gelten seit 2020 aber wiederum vorübergehend andere Bedingungen. Zunächst die Regel für 2021: Sie dürfen als Frührentner bis zu 46 060 Euro im Jahr hinzuverdienen, ohne dass Ihnen eine Rentenkürzung droht. 2020 war die Zuverdienstgrenze mit knapp 45 000 Euro ähnlich hoch.

Vor Ausbruch der Corona-Pandemie lag die Verdienstgrenze mit 6 300 Euro im Jahr deutlich niedriger. Da diese Grenze voraussichtlich ab 2022 wieder gelten soll, stellen wir auch diese grundsätzliche Regelung vor: Demnach dürfen Sie als Frührentner verteilt aufs ganze Jahr bis zu 6 300 Euro verdienen, ohne dass Ihnen Abzüge bei der Rente drohen. Wie hoch der Verdienst in den einzelnen Monaten ist, spielt keine Rolle, solange die Grenze von 6 300 Euro eingehalten wird. Verdienen Sie im Laufe des Jahres mehr, wird Ihre Altersrente gekürzt: Der Rentenversicherungsträger ermittelt, um wie viel die 6 300 Euro überschritten werden. Diesen Wert teilt er durch zwölf. Im nächsten Schritt werden 40 Prozent dieser Summe auf die Rente angerechnet.

Noch deutlicher fällt die Rentenkürzung aus, wenn jemand aus seiner Frührente und dem Hinzuverdienst ein Einkommen erzielt hätte, das über dem vor Rentenbeginn erzielten Einkommen liegt: Wird diese Grenze übersprungen, wird die Rente um den gesamten darüberliegenden Wert gekürzt. Entscheidend für diesen Vergleich ist – vereinfacht gesagt – das höchste Einkommen, das Sie in den 15 Jahren vor Rentenbeginn erzielt haben.

Meine Rente – mein Plan

Wenn Sie als Frührentner nebenbei arbeiten wollen, überlegen Sie sich genau, welcher Aufwand sich für Sie lohnt. Welche Rentenkürzungen müssen Sie je nach Verdienst hinnehmen, und wie viel bleibt netto tatsächlich übrig? Lohnt es sich dafür, mehr als im Minijob zu arbeiten? Versuchen Sie einfach anhand der Angaben links, selbst auszurechnen, mit welcher Rentenkürzung Sie je nach Einkommen kalkulieren müssten. Und fragen Sie zum Beispiel in einem Lohnsteuerhilfeverein oder beim Steuerberater nach, welche Abzüge vom Bruttolohn einzuplanen sind.

Viel arbeiten lohnt nicht immer

Auch wenn Sie als Frührentner dank der Regeln zur Flexi-Rente bei einem Verdienst von mehr als 450 Euro monatlich nicht sofort eine Rentenkürzung fürchten müssen, lohnt es sich zumindest finanziell nur bedingt, mehr zu arbeiten als in einem Minijob. Denn wenn Sie regelmäßig mehr als 450 Euro verdienen, werden – wie die Aufzählung auf S. 142 zeigt – dafür Beiträge zur gesetzlichen Kranken-, Pflege-, Arbeitslosen- und Rentenversicherung fällig. Außerdem können Steuern anfallen.

All das sorgt dafür, dass Ihnen mit der Kombination Rente plus Minijob netto letztlich sogar mehr Geld zur Verfügung stehen kann als mit der Kombination aus Rente und einem Nebenverdienst über 450 Euro im Monat. Oder es zeigt sich, dass sich beispielsweise doppelt so viel Arbeit netto längst nicht doppelt lohnt:

Beispiel: Veronika ist zum 1. Januar 2020 mit 63 Jahren vorzeitig in Rente gegangen. Sie hat 2020 eine Bruttorente von 20 000 Euro erhalten. Dafür hat sie 2180 Euro Beiträge an die Kranken- und Pflegeversicherung gezahlt. Ohne Nebenjob sähe die Steuererklärung für 2020 so aus: Für ihre Rente wird das Finanzamt 776 Euro Steuern fordern. Netto bleiben ihr rund 17 044 Euro im Jahr – rund 1420 Euro im Monat.

Hätte Veronika neben ihrer Rente einen 450-Euro-Job angenommen, hätte sie monatlich netto bis zu 1870 Euro (1420 plus 450 Euro) zur Verfügung haben können. Minijobber können bis zu 450 Euro im Monat brutto wie netto verdienen. Grund: Oft übernehmen die Arbeitgeber Sozialabgaben und Lohnsteuer.

Veronika wollte aber mehr und hat sich entschieden, doppelt so viele Stunden zu arbeiten. Dafür erhielt sie 900 Euro brutto im Monat. Davon hat ihr Arbeitgeber jeden Monat 158,22 Euro Sozialabgaben abgezogen. Lohnsteuer wurde im Laufe des Jahres bei dem Bruttolohn nicht fällig.

Rechnet Veronika nun in der Steuererklärung Rente und Nebenjob ab, wird das Finanzamt allerdings 3015 Euro Einkommenssteuer und Solidaritätszuschlag fordern. Somit bleiben von den 20 000 Euro Rente und den 10 800 Euro Zuverdienst (12 mal 900 Euro) netto 23706 Euro im Jahr, beziehungsweise 1975,50 Euro im Monat.

Der Vergleich zeigt: Veronika hat brutto doppelt so viel verdient wie in einem Minijob, kommt aber netto nur auf rund 105 Euro mehr im Monat.

Hinzu kommt: Veronika hat 2020 von der Corona-Ausnahme profitiert. Obwohl sie brutto mehr als 6 300 Euro verdient hat, wurde ihre Rente nicht gekürzt. Ohne die Sonderregel, die voraussichtlich ab 2022 nicht mehr gilt, müsste sie bei einem Zuverdienst von 10 800 Euro wieder eine Rentenkürzung hinnehmen. Umso mehr sollten Sie vor Jobantritt unbedingt überlegen, wie viel Nebenjob sich für Sie tatsächlich lohnt. Lassen Sie sich vorab genau ausrechnen, was Ihnen netto am Monatsende bleibt.

→ Achtung bei Betriebsrente

Sie haben zusätzlich über Ihren Arbeitgeber fürs Alter vorgesorgt? Dann erkundigen Sie sich beim Träger Ihrer Betriebsrente, ob ein sehr hoher Jahresverdienst und der mögliche Bezug einer gesetzlichen Teil- anstelle der Vollrente Folgen haben: Denn je nach Satzung des Trägers kann es sein, dass Ihre Betriebsrente daraufhin gekürzt wird oder der Bezug sogar ruht.

Andere Renten, andere Regeln

Die Regelungen für den Hinzuverdienst bei Erwerbsminderung ähneln den Regeln für Altersrentner. Witwen und Witwer müssen dagegen ganz anders rechnen.

Eine Erwerbsminderungsrente allein wird häufig kaum ausreichen, um davon sämtliche Ausgaben im Alltag finanzieren zu können. Für alle, die keine zusätzliche Rente aus einer privaten Berufs- oder Erwerbsunfähigkeitsversicherung beziehen, könnte dann der Nebenjob notwendig sein, soweit es die Gesundheit zulässt.

Die Regeln, nach denen Ihr Nebenverdienst auf die Erwerbsminderungsrente angerechnet wird, ähneln den Regeln für die vorgezogene Altersrente. Es gibt allerdings einige Besonderheiten zu beachten.

- **Arbeitszeit:** Sie dürfen grundsätzlich nur so viel arbeiten, wie es Ihrem „Restleistungsvermögen" entspricht. Mit anderen Worten: Wenn Sie eine „Rente wegen voller Erwerbsminderung" beziehen, geht der Rentenversicherungsträger davon aus, dass Sie nicht mehr als drei Stunden am Tag irgendeiner Erwerbstätigkeit nachgehen können. Bei einer Rente wegen teilweiser Erwerbsminderung oder teilweiser Erwerbsminderung bei Berufsunfähigkeit sind es mehr als drei, aber keine sechs Stunden. Sollten Sie nun im Nebenjob mehr arbeiten, setzen Sie Ihre Rente aufs Spiel.
- **Verdienst:** Zusätzlich spielt die Höhe Ihres Verdienstes eine Rolle. Ein 450-Euro-Job wird ohne Folgen für die Rentenhöhe bleiben. Bei einem höheren Verdienst müssen Sie nicht gleich eine Kürzung der Leistung fürchten, doch sobald ein Freibetrag, der je nach Art der Rente gilt, überschritten ist, fällt Ihre monatliche Auszahlung niedriger aus.

Persönlicher Freibetrag bei teilweiser Erwerbsminderung

Beziehen Sie eine Rente wegen teilweiser Erwerbsminderung, ist ein deutlich höherer Nebenverdienst als bei einer vorgezogenen Altersrente erlaubt. Ihre Hinzuverdienstgrenze wird individuell errechnet. Dafür werden die Entgeltpunkte in den 15 Jahren vor Eintritt der Erwerbsminderung berücksichtigt: Die höchste Jahrespunktzahl wird in die Rechnung einbezogen. 2021 liegt Ihre Hinzuverdienstgrenze für das gesamte Jahr bei mindestens 15 989,40 Euro. Sie kann aber je nach Ihrem früheren Verdienst auch deutlich höher sein. Erst ein Einkommen über Ihrer persönlichen Hinzuverdienstgrenze wird zu 40 Prozent auf Ihre Erwerbsminderungsrente angerechnet.

Beispiel: Christina bekommt derzeit eine Erwerbsminderungsrente von 500 Euro im Monat. Der Rentenversicherungsträger hat ihr ausgerechnet, dass sie 2021 aufgrund ihres früheren Einkommens bis zu 16 000 Euro im Jahr zu ihrer Erwerbsminderungsrente hinzuverdienen darf, ohne dass diese gekürzt wird.

Ihr früherer Arbeitgeber bot ihr an, wieder mit vier bis fünf Stunden am Tag im Betrieb einzusteigen, wenn sie das gesundheitlich schafft. Dadurch kommt sie auf einen Monatsverdienst von 1450 Euro brutto. Insgesamt verdient Christina 17 400 Euro brutto im Jahr 2021. Von diesen 17 400 Euro zieht der Rentenversicherungsträger den erlaubten Zuverdienst (16 000 Euro) ab, übrig bleiben 1400 Euro. Diesen Wert teilt er durch zwölf, sodass sich knapp 117 Euro ergeben. Christinas Erwerbsminderungsrente wird dann um 40 Prozent von 117 Euro – also um knapp 47 Euro im Monat – gekürzt. Ihr bleiben damit letztlich rund 453 Euro Rente im Monat.

Es gibt noch eine weitere Obergrenze, die Sie als Erwerbsminderungsrentner beachten sollten: Wenn die gekürzte Monatsrente und ein Zwölftel des Jahreshinzuverdienstes in Summe höher sind als das Einkommen vor Eintreten der Erwerbsminderung, wird die Rente um den darüberliegenden Wert gekürzt. Grundlage für diese Rechnung ist wiederum die höchste Anzahl an Jahresentgeltpunkten, die Sie in den 15 Jahren vor Eintritt der Erwerbsminderung erzielt haben.

→ Einen Nebenjob melden

Informieren Sie den Rentenversicherer, wenn Sie einen Nebenjob zu Ihrer Erwerbsminderungsrente annehmen. Teilen Sie ihm mit, wie viel Sie voraussichtlich verdienen. Daraufhin wird er ermitteln, wie viel Rente Sie voraussichtlich bis zum 30. Juni des kommenden Jahres ausgezahlt bekommen. Erst dann wird anhand des tatsächlichen Einkommens endgültig abgerechnet. Planen Sie mit ein, dass Sie eventuell – wenn Sie mehr verdient haben als erwartet – Rente zurückzahlen müssen.

6 300 Euro frei bei voller Erwerbsminderung

Beziehen Sie eine Rente wegen voller Erwerbsminderung, ist Ihr Spielraum für Nebenverdienste deutlich geringer. Dann gilt – wie bei der vorzeitigen Altersrente – ein Freibetrag von 6 300 Euro im Jahr. So viel dürfen Sie brutto ohne Rentenkürzung hinzuverdienen. Verdienen Sie mehr, gilt: Der Rentenversicherungsträger teilt den Verdienst über dem Freibetrag durch zwölf und kürzt die Rente um 40 Prozent des Wertes.

Wenn Sie als Rentner aus der gekürzten Rente und einem Zwölftel Ihres Zuverdienstes ein höheres Einkommen erzielen als vor Eintritt der Erwerbsminderung, wird der darüberliegende Betrag voll auf Ihre Erwerbsminderungsrente angerechnet.

30 SEKUNDEN FAKTEN

1,16 MIO.

Menschen über 65 gingen Ende 2019 einer geringfügigen Beschäftigung, also einem 450-Euro-Job nach. Etwa 113 000 von ihnen hatten die Altersgrenze für die Regelaltersrente noch nicht erreicht.

390 000

Menschen über 65 hatten Ende 2019 eine sozialversicherungspflichtige Beschäftigung. Davon hatten etwa 280 000 bereits die Regelaltersgrenze erreicht.

128 000

Personen über 65 hatten Ende 2009 eine sozialversicherungspflichtige Beschäftigung – rund 260 000 weniger als heute.

Quelle: Bundesagentur für Arbeit

Bei der Hinterbliebenenrente wird anders gerechnet

Sie haben Ihren Partner oder Ihre Partnerin verloren und beziehen eine Witwenrente? Auch dann müssen Sie einplanen, dass diese Rente gekürzt werden kann, wenn Sie etwa als Angestellter eigenes Geld verdienen oder auch, wenn Sie schon eine eigene Rente beziehen. Aber keine Sorge: Ihnen steht ein Freibetrag zu, und das darüberliegende Einkommen wird nicht komplett auf die Hinterbliebenenrente angerechnet, sondern nur zu 40 Prozent.

Beispiel: Rita wohnt in Hannover. Sie erhält im Monat 800 Euro Witwenrente und verdient 2 500 Euro brutto. Da sie in den westlichen Bundesländern lebt, darf sie – Stand Anfang 2021 – ein Einkommen bis 902,62 Euro im Monat haben, ohne dass ihre Witwenrente gekürzt wird.

Um die tatsächliche Rentenhöhe zu ermitteln, kürzt der Rentenversicherer ihren Bruttoverdienst im ersten Schritt pauschal um 40 Prozent für Steuern und Sozialabgaben. Es ergibt sich ein „nettoisiertes" Einkommen von 1500 Euro. Davon wird der aktuell geltende Freibetrag abgezogen (1500 Euro minus 902,62 Euro). Übrig bleiben 597,38 Euro.

40 Prozent von diesem Betrag rechnet der Rentenversicherer auf die Hinterbliebenenrente an, sodass Rita eine Rentenkürzung von rund 239 Euro hinnehmen muss. Von der Witwenrente bleiben ihr letztlich nur rund 561 Euro im Monat.

Hätte sie nur ein Bruttoeinkommen von 1600 Euro im Monat, würde der Rentenversicherer ebenfalls zunächst 40 Prozent davon abziehen. Übrig blieben im ersten Schritt 960 Euro nettoisiertes Einkommen. Nach Abzug des Freibetrags von 902,62 Euro blieben 57,38 Euro. 40 Prozent von diesem Wert – knapp 23 Euro – zöge der Rentenversicherer von der Witwenrente ab, sodass Rita am Ende rund 777 Euro Witwenrente monatlich erhielte.

→ Minijobber aufgepasst!

Für eine Alters- oder Erwerbsminderungsrente gilt: Wenn Sie einen pauschal versteuerten Minijob annehmen, hat dieser keinen Einfluss auf die Rentenhöhe. So pauschal gilt das bei der Witwenrente nicht, denn wenn Sie neben dem Minijob weiteres Einkommen haben, zum Beispiel durch eine eigene Altersrente, werden die Werte addiert. Liegen Sie dann über dem Freibetrag von 902,62 Euro in Westdeutschland und 877,27 Euro in Ostdeutschland, wird Ihre Witwenrente gekürzt. Welche Posten auf den Freibetrag angerechnet werden, hängt davon ab, ob Sie unter das alte oder unter das neue Rentenrecht fallen. Beim neuen Recht zählen zum Beispiel Miet- und Kapitaleinkünfte mit, beim alten nicht (siehe „Die Witwen- und Witwerrente“, S. 44).

Diese Regelungen zur Anrechnung eines Nebenverdienstes gelten auch für die Erziehungsrente. Diese können Sie zum Beispiel bekommen, wenn Ihr Ex-Partner stirbt und Sie noch ein gemeinsames Kind unter 18 erziehen (siehe „Erziehungsrente – eine Chance für Geschiedene“, S. 51).

Beziehen Kinder eines Verstorbenen eine Waisenrente, dürfen sie hingegen unbegrenzt hinzuverdienen. Sie müssen keine Rentenkürzung aufgrund eines eigenen Verdienstes fürchten.

Ehrenamt meist ohne Folgen

Engagieren Sie sich als Rentner ehrenamtlich, bleibt das meist ohne Folgen für Ihre Rentenbezüge, selbst wenn Sie eine kleine finanzielle Aufmerksamkeit bekommen. Wenn Sie etwa eine Kindersportgruppe trainieren oder den örtlichen Chor leiten und dafür eine Aufwandsentschädigung von höchstens 3000 Euro im Jahr („Übungsleiterpauschale“) erhalten, ist diese steuer- und sozialabgabenfrei und wird auch nicht auf die Alters-, Erwerbsminderungs- und Witwenrente angerechnet.

Nehmen Sie einen Vorstandsposten im Verein oder eine andere ehrenamtliche Tätigkeit an, die mit maximal 840 Euro im Jahr vergütet wird, hat das ebenfalls keine negativen Auswirkungen auf die Rente.

Erst höhere Zahlungen könnten Ihre Rente beeinflussen – allerdings auch nur dann, wenn Sie dadurch die je nach Rentenart gültigen Freibeträge überschreiten.

Ehrensache: Wenn Angehörige Pflege brauchen

Eine besondere Aufgabe bleibt auch im Ruhestand die Pflege eines Angehörigen. Mit einem ganz legalen Kniff können Sie als Rentner dank der Pflege Ihre Rente erhöhen.

Für viele Rentner wie auch für viele Berufstätige ist klar: Wenn der eigene Partner oder die Eltern pflegebedürftig werden, wollen sie sich kümmern oder zumindest mithelfen. Für die eigene Rente kann sich dieses Engagement zumindest ein wenig bezahlt machen.

Solange Sie berufstätig sind und nebenbei einen Angehörigen pflegen, können Sie Ihre Rentenansprüche durch dieses Engagement steigern. Sie profitieren davon, dass die Pflegekasse des Betroffenen Rentenbeiträge für Sie überweisen muss. Das haben wir unter „Wenn die Eltern Pflege brauchen" ab S. 73 erläutert. Selbst wenn Sie bereits in Frührente sind und nebenbei pflegen, kann das Ihre Rente noch steigern, weil Sie als Angehöriger, der nicht erwerbsmäßig pflegt, Anspruch darauf haben, dass die Pflegeversicherung weiter die Rentenbeiträge übernimmt.

Schwieriger wird es – zumindest auf den ersten Blick –, sobald Sie die Regelaltersgrenze erreichen. Das ist je nach Ihrem Geburtsjahr zwischen dem 65. und dem 67. Geburtstag. Wenn Sie dann eine Vollrente beziehen, erkennt die Rentenkasse keine Pflegezeiten mehr an – durch Ihr Engagement für den Angehörigen steigt Ihre Rente nun nicht mehr.

Doch es gibt eine einfache Lösung: Sie beantragen bei der Rentenkasse einfach, dass Sie ab Erreichen der Regelaltersgrenze keine Vollrente beziehen, sondern nur eine „Teilrente" von 99 Prozent. Das ist erlaubt – und es lohnt sich, denn neben einer Teilrente haben Sie Anspruch darauf, dass die Pflegekasse des Angehörigen weiter Rentenbeiträge für Sie zahlt und dass Ihrem Rentenkonto somit weiter Pflegezeiten gutgeschrieben werden.

Ein Wechsel von der Voll- zur Teilrente ist jederzeit möglich.

Sie dürfen die Teilrente flexibel zwischen 10 und 99 Prozent wählen. Entscheiden Sie sich für die 99 Prozent, haben Sie kaum Abzüge bei der Rentenzahlung, können aber

Wer einen Angehörigen pflegt, geht häufig an seine körperlichen und psychischen Grenzen. Auch deshalb sollten Sie sich zumindest den „Rentenzuschuss" für Pflegende sichern. Damit Sie auch nach Erreichen der Regelaltersgrenze noch von den Pflegezeiten profitieren können, sollten Sie sich nicht nur mit der Deutschen Rentenversicherung in Verbindung setzen. Informieren Sie auch die Pflegekasse des Pflegebedürftigen darüber, wenn Sie keine Voll-, sondern eine Teilrente beziehen.

die vollen Pflege-Rentenpunkte gutgeschrieben bekommen und so Ihre Rente auf Dauer weiter erhöhen.

Ein Wechsel von der Voll- zur Teilrente ist jederzeit möglich. Die Teilrente anstatt der Vollrente können Sie auch noch beantragen, wenn Sie beispielsweise erst mit Anfang 70 die Pflege eines Angehörigen übernehmen. Dann erhalten Sie ab diesem Zeitpunkt die etwas niedrigere Rente, die aber durch die neu hinzukommenden Pflegezeiten wieder steigen wird.

Aber Achtung: Haben Sie früher über den Arbeitgeber fürs Alter vorgesorgt, kann ein Wechsel von der Voll- auf die Teilrente eventuell Einbußen bei der Betriebsrente mit sich bringen. Erkundigen Sie sich dazu beim Träger Ihrer Betriebsrente (siehe „Achtung bei Betriebsrente", S. 145).

Ein überragendes Plus bei der gesetzlichen Rente aufgrund der pflegenden Tätigkeit sollten Sie jedoch nicht erwarten: Wenn Sie einen Angehörigen ein Jahr lang versorgen, erhöht sich Ihre Rente durch diese Pflegetätigkeit nach heutigen Werten monatlich um etwa 6 bis 32 Euro. Entscheidend für das Rentenplus ist, welchen Pflegegrad der Angehörige hat und in welchem Umfang Sie professionelle Hilfe durch ambulante Pflegedienste in Anspruch nehmen. Die zu pflegende Person muss mindestens Pflegegrad 2 haben.

Das Plus aufgrund der Pflegezeiten wird ein Leben lang gezahlt, und es erhöht sich bei jeder jährlichen Rentensteigerung.

Ein weiterer Vorteil: Wenn Sie als Teilrentner nach Erreichen der Regelaltersgrenze pflegen und so Ihre Rente in diesem Alter noch erhöhen, profitieren Sie für diese neu „erarbeiteten" Leistungsansprüche vom Rentenzuschlag von 0,5 Prozent monatlich (siehe „Eine Rechnung für sich", S. 24).

▶ **Welche Schritte** sind im Pflegefall wichtig? Wo gibt es finanzielle Unterstützung? Ausführliche Informationen rund um das Thema Pflege bekommen Sie im Ratgeber „Das Pflege-Set" der Stiftung Warentest, erhältlich unter **test.de/shop** oder im Handel.

Hilfe

1 **Fachbegriffe erklärt**
Zentrale Fachausdrücke rund um das Thema Rente.

2 **Wer hilft bei Fragen zur Rente?**
Kontakte und Internetadressen, bei denen Sie Unterstützung bekommen.

3 **Stichwortverzeichnis**
Alle wichtigen Begriffe auf einen Blick – für ein leichtes Nachschlagen.

Fachbegriffe erklärt

Abschlag: Wer vorzeitig in den Ruhestand geht, muss häufig einen Abschlag auf die Rentenleistungen hinnehmen. Für jeden Monat der vorgezogenen Zahlungen verliert der Rentner 0,3 Prozent der Leistungen. Das Minus gilt für die gesamte Zeit des Rentenbezugs. Nur wer Anspruch auf die 2014 eingeführte „Rente für besonders langjährig Versicherte" hat, muss keine Kürzung fürchten.

Anrechnungszeiten: Zeiten, in denen zwar keine Beiträge gezahlt wurden, die aber bei der Rentenberechnung berücksichtigt oder wenigstens auf die Wartezeit angerechnet werden, beispielsweise Schul- und Hochschulbesuch ab dem 17. Lebensjahr oder Arbeitslosigkeit ohne den Bezug von Arbeitslosenunterstützung.

Beitragsbemessungsgrenze: Höchstbetrag des Bruttoeinkommens, für das Versicherte Beiträge zur Sozialversicherung zahlen müssen. Einnahmen, die über diese Grenze hinausgehen, bleiben bei der Berechnung der zu zahlenden Beiträge unberücksichtigt.

Beitragssatz: Bestimmter Anteil des Bruttoeinkommens des Versicherten, der zu den einzelnen Zweigen der Sozialversicherung zu leisten ist. Für die Rentenversicherung beträgt der Beitragssatz im Jahr 2021 18,6 Prozent.

Beitragszeiten: Monate, in denen der Versicherte Beiträge in die gesetzliche Rentenversicherung eingezahlt hat. Als Beitragszeiten gelten auch Zeiten, in denen der Versicherte Arbeitslosengeld oder -hilfe, Krankengeld oder Unterhaltsgeld bezogen hat. In diesen Phasen hat die Stelle, die die Sozialleistung übernommen hat – etwa die Arbeitsagentur oder Krankenkasse –, für den Versicherten Pflichtbeiträge an die Rentenkasse gezahlt.

Berücksichtigungszeit: Sie soll Nachteile in der Rentenversicherung ausgleichen, die durch fehlende oder niedrige Beiträge entstehen, etwa weil die Versicherte Kinder erzogen hat. Sie wirkt sich bei der Wartezeit aus und kann sich bei der Rentenhöhe bemerkbar machen.

Bezugsgröße: Jährlich festgelegte Einkommenshöhe, auf deren Basis zum Beispiel der Regelbeitrag für Selbstständige in der gesetzlichen Rentenversicherung festgelegt wird. Diese Größe ist außerdem Rechengrundlage, um zu ermitteln, wie hoch das fiktive Einkommen von Personen ist, die ihre Angehörigen unentgeltlich pflegen. Für dieses fiktive Einkommen überweist die Pflegekasse Rentenbeiträge.

Durchschnittseinkommen: Einkommen, das Versicherte in Deutschland im Durchschnitt in einem Jahr verdienen. Wer genau dieses Einkommen in einem Jahr erreicht, erhält einen Entgeltpunkt für sein Rentenkonto gutgeschrieben.

Dynamische Rente: Die Rentenhöhe folgt der Lohnentwicklung. Sie ist also abhängig vom Produktivitätsfortschritt der Volkswirtschaft.

Entgeltpunkt: Entscheidend für die Höhe einer gesetzlichen Rente ist, wie viele Entgeltpunkte ein Versicherter erworben hat. Jeder Punkt wird mit dem aktuellen Rentenwert multipliziert und erhält damit einen finanziellen Gegenwert.

Ersatzzeiten: Zeiten, in denen der Versicherte ohne eigenes Verschulden keine Beiträge zahlen konnte, etwa durch politische Haft in der DDR oder während einer Kriegsgefangenschaft. Ersatzzeiten werden bei der Wartezeit berücksichtigt und können die Rentenhöhe beeinflussen.

Erwerbsminderung: Voll erwerbsgemindert ist, wer weniger als drei Stunden am Tag arbeiten kann. Teilweise erwerbsgemindert ist, wer mehr als drei und weniger als sechs Stunden arbeiten kann.

Erziehungsrente: Wurde eine Ehe nach dem 30. Juni 1977 geschieden und ist der frühere Ehegatte verstorben, erhält der hinterbliebene Ex-Partner eine Erziehungsrente, wenn er mindestens ein Kind erzieht. Er darf allerdings nicht wieder verheiratet sein und muss die Wartezeit von mindestens fünf Jahren erfüllen.

Grundrente: Aufschlag auf die eigentlich erworbenen, niedrigen Rentenansprüche, wenn bestimmte Voraussetzungen erfüllt sind, etwa dass der Versicherte mindestens 33 Jahre Pflichtbeiträge an die Rentenkasse nachweisen kann und in dieser Zeit unterdurchschnittlich verdient hat.

Grundsicherung: Sie soll den Lebensunterhalt von Rentnern und Erwerbsgeminderten sichern, wenn deren Einkünfte keinen ausreichenden Lebensstandard ermöglichen.

Kindererziehungszeiten: Sie sollen Nachteile in der Rentenversicherung ausgleichen, die durch fehlende oder niedrige Beiträge aufgrund von Kindererziehung entstanden sind. Ein Elternteil – meist die Mutter – wird für bis zu drei Jahre nach der Geburt so gestellt, als hätte sie in dieser Zeit das Durchschnittseinkommen aller Beitragszahler erzielt.

Kontenklärung: Klärung aller für die Rente bedeutsamen Daten beim Rentenversicherungsträger. Lücken auf dem Konto, beispielsweise, weil Ausbildungszeiten fehlen, sollen durch das Klärungsverfahren geschlossen werden.

Pflichtbeiträge: Arbeiter und Angestellte, aber auch ein Teil der Selbstständigen müssen Pflichtbeiträge in die gesetzliche Rentenversicherung einzahlen, da sie pflichtversichert sind.

Regelaltersrente: Anspruch auf eine Regelaltersrente haben Versicherte, wenn sie die Wartezeit von fünf Jahren erfüllen – zum Beispiel durch Zeiten, in denen sie angestellt beschäftigt waren, durch Kindererziehung oder durch Pflege eines Angehörigen. Das Eintrittsalter für diese Regelaltersrente steigt seit Anfang 2012 stufenweise von 65 auf 67 Jahre an.

Regelbeitrag: Selbstständige, die in der gesetzlichen Rentenversicherung pflichtversichert sind, können entweder einen Beitrag in Abhängigkeit ihres Einkommens zahlen oder den Regelbeitrag, der anhand eines jährlich wechselnden Wertes, der Bezugsgröße, ermittelt wird. In den ersten drei Jahren der Selbstständigkeit ist es auch möglich, nur den halben Regelbeitrag zu zahlen.

Rentenantrag: Der Versicherte muss seine Rente bei der gesetzlichen Rentenversicherung beantragen. Ein formloser Brief ist möglich, doch besser ist es, gleich das offizielle Antragsformular zu nutzen.

Rentenberater: Unabhängiger, gerichtlich zugelassener Fachmann, der in Rentenangelegenheiten berät. Für die Beratung muss der Klient zahlen.

Rentenbescheid: Aus ihm geht unter anderem hervor, wie hoch die bewilligte Rente ist, welche Zeiten bei der Berechnung berücksichtigt wurden und wann die bewilligte Rente beginnt.

Rentenniveau: Im Rentenniveau zeigt sich das Verhältnis zwischen der durchschnittlichen gesetzlichen Rente und dem Durchschnittsverdienst der Erwerbstätigen – vor Steuern und ohne Berücksichtigung des zu zahlenden Beitrags zur Kranken- und Pflegeversicherung.

Rentenwert: Er wird regelmäßig neu festgelegt und gibt an, wie viel jeder einzelne Entgeltpunkt auf dem Rentenkonto wert ist. Bis Mitte 2021 beträgt der Rentenwert 34,19 Euro in Westdeutschland und 33,23 Euro in Ostdeutschland.

Umlageverfahren: Nach diesem Verfahren funktioniert die gesetzliche Rentenversicherung. Die Beiträge der Erwerbstätigen sowie ein Zuschuss aus dem Bundeshaushalt werden verwendet, um die laufenden Rentenzahlungen zu finanzieren. Im Gegenzug erhalten die Versicherten für ihre Beiträge einen verfassungsrechtlich geschützten Anspruch auf Rente.

Versicherungskonto: Auf diesem Konto sind alle Daten gespeichert, die für die Berechnung der Rentenhöhe entscheidend sind – beispielsweise Beitragszeiten und die Höhe der gezahlten Rentenbeiträge. Das Konto wird unter einer bestimmten Versicherungsnummer vom Rentenversicherungsträger geführt.

Versorgungsausgleich: Er findet automatisch statt, wenn eine Ehe geschieden wird. Nur bei Ehen, die weniger als drei Jahre gedauert haben, ist dafür ein Antrag nötig. Mithilfe des Versorgungsausgleichs sollen Rentenansprüche, die während der Ehe erworben wurden, gleichmäßig auf die beiden Ex-Partner verteilt werden.

Wartezeit: Anspruch auf eine Rente hat nur, wer eine bestimmte Zeit versichert war. Diese Mindestversicherungszeit wird als Wartezeit bezeichnet. Sie ist für die einzelnen Rentenarten unterschiedlich und beträgt beispielsweise für die Regelaltersrente fünf Jahre.

Zurechnungszeit: Um Versicherten, die in jungen Jahren vermindert erwerbsfähig werden und nur wenig Beitragszeiten auf ihrem Rentenkonto haben, eine höhere Rente zu sichern, wird ihnen eine sogenannte Zurechnungszeit angerechnet. Ihre Erwerbsminderungs- oder Hinterbliebenenrente wird hochgerechnet. Über längere Zeit wurde so gerechnet, als hätten sie bis zum 60. Geburtstag, später bis zum 62. Geburtstag gearbeitet. Mittlerweile steigt die Zurechnungszeit für Neurentner stufenweise auf bis zu 67 Jahre an. Das erhöht die Rente, obwohl der Versicherte gar nicht so lange gearbeitet hat.

Zuschlag: Wer über die Regelaltersgrenze hinaus arbeitet, erhält für jeden Monat Mehrarbeit lebenslang einen Zuschlag von 0,5 Prozent auf seine Rente.

Wer hilft bei Fragen zur Rente?

Deutsche Rentenversicherung

Kostenlose Beratung

Sie können die Beratungsstellen der Deutschen Rentenversicherung direkt aufsuchen oder kostenlos einen Termin vereinbaren unter Telefon 0800 1 000 4800.

Sprechzeiten

Das Servicetelefon ist besetzt von Montag bis Donnerstag 7.30 bis 19.30 Uhr, Freitag 7.30 bis 15.30 Uhr.

Informationen im Internet

Adressen von Beratungsstellen sowie viele weitere Informationen rund um die Rente – darunter zum Beispiel zahlreiche Broschüren – finden Sie über die Internetseite **deutsche-rentenversicherung.de.** Dort können Sie auch online einen Termin in einer Beratungsstelle vor Ort vereinbaren. Oder Sie stellen Ihre Fragen mithilfe des Kontaktformulars.

Versichertenälteste und Versichertenberater

Diese ehrenamtlich tätigen Unterstützer bei Rentenfragen beraten Versicherte und Rentner kostenlos, nehmen Rentenanträge entgegen oder helfen beim Ausfüllen der Formulare. Ansprechpartner vor Ort finden Sie zum Beispiel über die Internetseite **deutsche-rentenversicherung.de** unter „Beratung und Kontakt", „Beratung suchen und Buchen", „Beratung in meiner Nähe".

Freie Rentenberater

Sie verlangen für die Beratung in Sachen Rente zwar ein Honorar, aber das kann sich auszahlen, wenn es Ihnen etwa gelingt, mithilfe des Beraters doch noch einen Rentenanspruch durchzusetzen oder wichtige Fragen in Ihrer Versicherungslaufbahn zu klären. Adressen von Rentenberatern finden Sie zum Beispiel über den Bundesverband der Rentenberater unter **rentenberater.de** (Stichwort: „Rentenberater finden").

Sozialverbände und Wohlfahrtsorganisationen

Über Sozialverbände und Wohlfahrtsorganisationen kann es ebenfalls Beratungsangebote in Rentenfragen geben. Erkundigen Sie sich direkt vor Ort danach.

Rechtsanwälte

Je nach Situation kann eine weitere Anlaufstelle ein Fachanwalt für Arbeits- und Sozialrecht sein. Hören Sie sich in Ihrem Bekanntenkreis nach einer Empfehlung um, bevor Sie selbst recherchieren. Viele Rechtsanwaltskammern bieten über ihre Internetseiten eine Anwaltssuche an. Die Suchmöglichkeit des Deutschen Anwaltvereins finden Sie unter **anwaltauskunft.de.**

Stichwortverzeichnis

A

B

C

D

E

F

G

Die Stiftung Warentest wurde 1964 auf Beschluss des Deutschen Bundestages gegründet, um dem Verbraucher durch vergleichende Tests von Waren und Dienstleistungen eine unabhängige und objektive Unterstützung zu bieten.

Die Autorin: Isabell Pohlmann arbeitet freiberuflich als Journalistin für Finanz- und Verbraucherthemen. Zuvor war sie Redakteurin bei der Zeitschrift Finanztest. Sie hat bereits mehrere Bücher für die Stiftung Warentest geschrieben, unter anderem , „Finanzplaner 60+", „Finanzplaner Frauen"und „Das Versicherungs-Set".

2. Auflage, 1. Nachdruck

Stiftung Warentest
Lützowplatz 11–13
10785 Berlin
Telefon 0 30/26 31–0
Fax 0 30/26 31–25 25
www.test.de
email@stiftung-warentest.de

USt-IdNr.: DE136725570

Programmleitung: Niclas Dewitz

Autorin: Isabell Pohlmann
Projektleitung: Ursula Rieth
Lektorat: Heike Plank
Korrektorat: Christoph Nettersheim
Fachliche Unterstützung: Johann L. Walter, Rentenberater; Katharina Henrich, Theo Pischke, Aenne Riesenberg und Max Schmutzer (Finanztest)
Titelentwurf: Josephine Rank, Berlin
Layout: Büro Brendel, Berlin
Grafik, Satz, Bildredaktion: Josephine Rank
Bildnachweis: istock (Titel, S. 10, 22, 54, 84, 108, 140); Adobe Stock (S. 118)
Infografik: Josephine Rank

Produktion: Vera Göring
Verlagsherstellung: Rita Brosius (Ltg.), Romy Alig, Susanne Beeh
Litho: tiff.any, Berlin
Druck: Fromm + Rasch GmbH & Co. KG., Osnabrück

ISBN: 978-3-7471-0380-7

Wir haben für dieses Buch 100 % Recyclingpapier und mineralölfreie Druckfarben verwendet. Stiftung Warentest druckt ausschließlich in Deutschland, weil hier hohe Umweltstandards gelten und kurze Transportwege für geringe CO_2-Emissionen sorgen. Auch die Weiterverarbeitung erfolgt ausschließlich in Deutschland.